Ulrike Marie Meinhof
*Deutschland Deutschland
unter anderm*

# Ulrike Marie Meinhof

## *Deutschland Deutschland unter anderm*

Aufsätze und Polemiken

Verlag Klaus Wagenbach    Berlin

*Editorische Notiz*

Die Texte dieses Bandes entstanden in den Jahren 1960 bis 1969. Sie erschienen alle in der Zeitschrift ›konkret‹, in der Ulrike Marie Meinhof von 1962 bis 1964 auch Chefredakteurin war.

Diese Auswahl von Kolumnen, Berichten, Reportagen und Polemiken, zeichnet anhand der tagespolitischen Aufsätze die politische Biographie Ulrike Marie Meinhofs und die der Bundesrepublik nach. Sie wurde nach dem Ende des Ost-West-Konflikts zusammengestellt.

Die Texte sind ungekürzt, datiert und (bis auf stillschweigende Rechtschreibkorrekturen) unverändert. Namen und Ereignisse, die heute nicht mehr als bekannt vorausgesetzt werden können, sind nach jedem Artikel kurz erläutert. Der Verlag dankt Stephan Schurr für seine Hilfe bei der Zusammenstellung der Texte und Erläuterungen.

Wagenbachs Taschenbuch 253
Originalausgabe

© 1995 Verlag Klaus Wagenbach, Ahornstraße 4, 10787 Berlin
Umschlaggestaltung Rainer Groothuis unter Verwendung eines
Fotos von Max Elac/Archiv DER SPIEGEL
Das Karnickel auf Seite 1 zeichnete Horst Rudolph
Gesetzt aus der Garamond (Berthold) bei Mega-Satz-Service, Berlin
Druck und Bindung durch die Druckerei Wagner, Nördlingen
Gedruckt auf chlor- und säurefreiem Papier
Printed in Germany. Alle Rechte vorbehalten
ISBN 3 8031 2253 8

# Inhalt

# Gipfelschatten westwärts

Das Jahr 1960 verspricht ein Stichjahr zu werden in diesem vielgeschmähten, gelobten und immer neu beschworenen 20. Jahrhundert. In diesem Jahrhundert der Einsteinschen Relativitätstheorie und zweier furchtbarer Kriege, des Faschismus und der sozialen Revolutionen, der KZs und der Unabhängigkeitskämpfe. Im Mai 1960 findet in Paris die dritte Gipfelkonferenz der Nachkriegszeit statt. Die dritte, seitdem die Welt in zwei Blöcke gespalten scheint, die erste, seitdem der Kalte Krieg aus der Kategorie einer Politik der angeblichen Weisheit ausschied und zu einem Denunziationsbegriff geworden ist.

Potsdam – Genf – Paris. In Potsdam trafen sich Truman, Attlee und Stalin. In Genf waren es Eisenhower, Eden, Bulganin und Faure, in Paris werden sich Eisenhower, Macmillan, Chruschtschow und de Gaulle gegenübersitzen. Mit den Namen haben sich politische Konzeptionen geändert oder durchgesetzt. In Potsdam wurde die Teilung Deutschlands in vier Besatzungszonen beschlossen, es sollte eine neue Wirtschaftsordnung aufgebaut, die NSDAP verboten und alle aktiven Nationalsozialisten aus den öffentlichen Ämtern entfernt werden. War das Anti-Hitler-Bündnis auch nicht mehr voll intakt, so fanden sich doch in diesen Fragen noch Möglichkeiten der Übereinstimmung. Der Genfer Konferenz war der Abschluß der Pariser Verträge, die die Bundesrepublik in den Westblock militärisch integrierten, vorangegangen. So gab man sich lächelnd und erreichte nichts. Die Pariser Konferenz wird stehen im Zeichen einer brüchig gewordenen NATO, den Abrüstungsvorschlägen Chruschtschows, der Gespräche von Camp David, mit denen die Aufrichtigkeit der amerikanisch-sowjetischen Entspannungsabsichten bezeugt wurde, nicht zuletzt aber auch im Zeichen des Algerienkrieges, der französischen Atombombe und den deutschamerikanischen Spannungen.

Die Gipfelkonferenz beginnt am 16. Mai. Zuvor aber reist noch nahezu die gesamte internationale höchste Prominenz kreuz und quer über den Erdball, bis hin zur Frühjahrstagung des NATO-Rates in Istanbul. Diese Reisefreudigkeit der Staatsmänner dient aber nicht nur der Vorbereitung der Pariser Konferenz, sie ist zugleich der Versuch einer Vorwegnahme jener Situation, wie sie die Gipfelkonferenz erst schaffen soll: Man weiß, daß die Chance zum Ausgleich von Konjunkturtälern nicht mehr in einer forcierten Rüstungspolitik liegen wird und versucht deshalb rechtzeitig Handelsbeziehungen zu knüpfen, Absatzmärkte zu erschließen, Freunde und Kunden zu werben.

Erinnern wir uns der Entwicklung der letzten zwei Jahre, durch welche die heutige Situation vorbereitet wurde: Man wird von einer diplomatischen Offensive der Sowjetunion sprechen können, die im Januar 1958 einsetzte, als die Sowjetregierung »an alle Regierungen der Welt« eine »Botschaft« richtete, in der eine Zusammenkunft führender Staatsmänner zur Regelung von Streitfragen vorgeschlagen wurde. Es folgte das Memorandum vom 19.3.58, das der sowjetische Botschafter Smirnow sechs Tage vor dem Beschluß der CDU-Mehrheit des Bundestages, die Bundeswehr mit Massenvernichtungsmitteln auszurüsten, in Bonn überreichte. Es folgte das Aide-Mémoire der Sowjetregierung vom 9. Juli 1958 zur Konstituierung einer Expertenkonferenz über die Einstellung der Kernwaffenversuche, während gleichzeitig in der Bundesrepublik die Anti-Atombewegung durch das Karlsruher Urteil zur Volksbefragung stillgelegt und die Diskussion über eine kernwaffenfreie Zone in Mitteleuropa aus der politischen Auseinandersetzung verbannt wurde (»Potentielle Kriegsverbrecher« nannte Strauß die Freunde des Rapacki-Planes). – Im Oktober stellten auch die USA freiwillig ihre Kernwaffenversuche ein, während man im Bundesverteidigungsministerium mit dem Ankauf von Honest-John-Raketen begann und Bundeswehrsoldaten zur Umschulung auf Atomkanonen nach Amerika und Nordafrika schickte. Die Folge war die Berlin-Note der Sowjets vom 27. November 1958.

Dem Noten»krieg« folgte Mikojans Besuch in die USA, Macmillans Reise nach Moskau, Chruschtschows Auftreten in Washington, die Weltreise des amerikanischen Präsidenten, und es werden folgen die Konsultationen der Staatsmänner untereinander und schließlich die Gipfelkonferenz.

Eisenhower, Macmillan, de Gaulle und Chruschtschow im

Mai in Paris. Mit vier verschiedenen Konzeptionen kommen sie dorthin und werden von unzählbaren, verschiedensten Erwartungen der Völker, Staatsmänner und Parteien begleitet. Dem Chef der Konservativen Partei Englands war es schon im Wahlkampf des Vorjahres gelungen, den Eindruck zu erwecken, als wäre seine Regierung die bestgeeignete für Friedensverhandlungen. Dem ungleich besseren Wahlprogramm der Labours gelang es nicht, sich mit einer klaren politischen Alternative vom Programm der Regierung deutlich abzusetzen. Die Konservativen selbst usurpierten alles, was abrüstungsmäßig wünschenswert scheint und von der englischen Öffentlichkeit mit Nachdruck gefordert wird. Macmillan ging so weit, sich mit Chruschtschows Vorschlag zur totalen Abrüstung zu identifizieren, indem er ihn voll inhaltlich unterstützte. Dies scheinbar wahltaktische Manöver war realistisch genug, um sich in seinen Hauptbestandteilen bis heute behaupten zu können: Mit der allgemeinen Forderung nach einer Politik der Entspannung, mit der Beibehaltung des Verzichts auf Kernwaffenversuche und mit der Bereitschaft zur Abrüstung. Die Schwerpunkte der englischen Wirtschaftspolitik liegen im Commonwealth und nicht auf dem klein-europäischen Kontinent. Westeuropäische Integrationsbestrebungen können sich nur einschränkend auf seine Souveränität innerhalb des noch heute zu einem Teil bestehenden Weltreiches auswirken. Weiter: England kann sich als das traditionelle Land der parlamentarischen Demokratie durch einen Partner, wie es die Bundesrepublik heute wäre, oder auch durch Frankreich, gar Spanien, im Kampf für die Erhaltung der sogenannten freien Welt nur kompromittiert fühlen. Und schließlich ist Großbritannien so wie Frankreich und Belgien in Afrika engagiert, muß freie Hand haben für Investitionen und eine, wenn auch nur scheinbare goodwill-Politik in Südafrika, will es dem Werben der Ostblockstaaten um die Sympathie der afrikanischen Unabhängigkeitskämpfer nicht nur ideell, sondern auch materiell etwas entgegensetzen. Diese außenpolitischen Interessen Großbritanniens bedingen die Position Macmillans für Paris, versprechen einen Einsatz für den heute nicht nur notwendig, sondern auch möglich gewordenen Ausgleich mit dem Osten

Über die Veränderungen in der amerikanischen Außenpolitik ist seit Camp David genug gesagt und geschrieben worden. Eisenhowers Weltreise war der Versuch, den amerikanischen Versöhnungswillen vor aller Welt glaubhaft zu machen, zugleich stand sie in dem Bemühen, mit einer neuen Politik jene Gewinne zu erzielen, die die »Konzeption Dulles« nicht einzubringen vermochte.

Weil man die eingegangenen NATO-Verpflichtungen materiell nicht mehr einzuhalten imstande ist, sie aber zugleich ideell noch nicht zu kündigen wagt, will man sie abschieben auf die europäischen Partner, wo sie, dies bleibt zu hoffen, sich selbst angesichts einer verwirrten Europapolitik von selbst annullieren werden. Dies bestimmt auch die Deutschlandpolitik der Amerikaner. Die Bundesrepublik, die sie sich in zehn Jahren nicht ohne erhebliche Kosten hochgepäppelt haben, stellt sich ihnen zwar in die Quere, versucht gewonnene Positionen wieder zu beseitigen (Adenauer hatte die Stirn, in seiner Berliner Erklärung hinter die westliche Konzeption auf der Genfer Außenministerkonferenz des Vorjahres und damit um ein ganzes Jahr Weltpolitik wieder zurückzugehen), aber so sicher wie die Freiheit Berlins nie ernstlich bedroht war, so gewiß ist der gegenwärtige Status dieser Stadt ein Handelsobjekt zwischen Ost und West, geeignet, als solches in Ost-West-Verhandlungen nützlich zu werden. Denn Amerika will keinen Krieg, schon gar nicht um Berlin. Amerika braucht Frieden. Berlin übrigens auch!

De Gaulle, der französische Partner der diesjährigen Konferenz, hat, soweit er die Regierungskrisen durch sein comeback beseitigte, auch die Republik abgeschafft, ohne damit freilich innenpolitisch einen zuverlässigen Rückhalt erreicht zu haben. Der Algerienkrieg geht weiter. Europa interessiert nur noch wirtschaftlich, nicht mehr politisch, und militärisch nur insoweit, als es zur vierten Atommacht unter französischer Führung werden könnte. Eine Vormachtstellung, für die Europa nur das Vehikel, nicht eigentlich das Ziel sein soll. Rechte, nicht Pflichten werden angestrebt.

De Gaulle wünscht für die Gipfelkonferenz einen völkerrechtlich verbindlichen Paragraphen über die Nichteinmischung in die inneren Angelegenheiten fremder Länder, um den Algerienkrieg als französischen Hausstreit behandeln zu können. Er braucht für diese Absichten ein gutes Einvernehmen mit Chruschtschow, der seinerseits die Ostblockstaaten, insbesondere die ddr, vor etwaigen westdeutschen Interventionen – im Osten spricht man sogar von »Aggressionen« – völkerrechtlich schützen will. Beide, Chruschtschow und de Gaulle, sympathisieren nicht mit der Entwicklung der Bundesrepublik, mögen auch ihre Gründe verschiedener Herkunft sein. De Gaulle, der Nationalist, fürchtet das Bonner Hegemoniestreben, Chruschtschow, der Führer des Ostblocks, fürchtet einen westdeutschen Expansionswillen. Auf der anderen Seite steht die angebliche Achse Bonn–Paris. Zusammengeschweißt durch eine gemeinsame Frontstellung gegenüber den USA, die zum Unwillen de Gaulles den Algerienkrieg nicht unterstützen, aber erhöhte Leistungen innerhalb der NATO zum Zweck der eigenen Entlastung fordern und die entgegen dem erklärten Willen Adenauers eine Veränderung der Situation Berlins zugunsten einer Befriedung Mitteleuropas anstreben. Das Bündnis Bonn/Paris hat insofern rein negativen Charakter, auf das man trotz aller »Berlin-bleibt-frei«-Beteuerungen de Gaulles kaum setzen kann. Der harte Nationalismus Frankreichs, dem nahezu jedes Mittel zur Durchsetzung seiner Ziele recht ist, divergiert hinsichtlich seiner innen- und außenpolitischen Ambitionen und bietet damit Einbruchstellen für eine Entspannungspolitik, trotz gleichzeitigen Abbaus der Demokratie im Innern des Landes.

Chruschtschow, der Kommunist, der Bauer und Anekdotenerzähler, Führer jenes Landes, das schon, als es in seiner heutigen Façon entstand, die Diplomaten europäischer Provenienz vor den Kopf stieß, faszinierte vor seiner Amerikareise die Welt durch den Schuß zum Mond, überraschte sie heute durch die Reduktion der sowjetischen Armee um 1,2 Millionen Mann. Freilich, er tauscht die Soldaten gegen eine Waffe offenbar gigantischen Ausmaßes, und unsere anti-ostbeflissene Presse hat allerdings recht, wenn sie in dieser Verringerung der Truppenstärke keine Verminderung des militärischen Potentials der Sowjetunion sieht. Aber ein Land, das den Weltkommunismus auf seine Fahnen geschrieben hat und dem man seit Jahrzehnten unterstellt, es wolle diese Welteroberung durch militärischen Vormarsch erzwingen, gewinnt mit seinen Beteuerungen für eine, wie man dort sagt, »friedliche Koexistenz« an Glaubwürdigkeit, wenn es eben jenen Teil seines militärischen Potentials verringert, der für die Besetzung fremder Länder der entscheidende Faktor wäre. – Die Sowjetunion kann am wenigsten durch innere Schwierigkeiten und Zwistigkeiten mit ihren Bündnispartnern bei der Vertretung einer offensiven Friedenspolitik gestört und irritiert werden.

Was sie will, ist klar. Sie will Abrüstung im Interesse einer Hebung des Ansehens ihres Systems, sie will eine gesamtpolitische Stärkung der DDR.

Was bleibt, ist die Frage nach dem Verhalten der Bundesrepublik. Deutschland ist nicht der Nabel der Welt, auch wird er es nicht dadurch, daß man ihn anstarrt, als wäre er es. Deutschland ist aber nach wie vor ein Krisenherd, und als solcher hat jede deutsche Politik die Chance, einen Beitrag für eine Besserung der weltpolitischen Lage zu liefern. Und was tut Bonn? Es rüstet atomar auf. – Gleichzeitig konnte unter der Führung von Bundesministern eine Reaktion gedeihen, die schließlich die Schatten einer unseligen Vergangenheit wieder an Häuserwände schmiert, und die Regierung bereitet sich vor, das bißchen Demokratie, das es hierzulande noch gibt, per Notstandsgesetz abzuschaffen, bereitet sich vor, alles, was gemäß einem wohlmeinenden Grundgesetz frei sein soll, durch eine Bundestagsmehrheit zu beseitigen. Es ist die gleiche Partei, die allen Wiedervereinigungsbemühungen, Abrüstungsforderungen und Disengagementsplänen nur ein hartes Nein entgegenzuhalten weiß. Indes - man hat begriffen, daß der eigene außenpolitische Starrsinn nicht mehr zum Zuge kommen kann, daß das Veto der Bundesrepublik die Entwicklung dieses Jahres nicht aufhalten wird. Also schlägt man zu. Man sieht eine Zeit auf sich zukommen, wo der durch Soraya- und Anastasia-Skandale dumm gemachte Bundesbürger den Zusammenbruch dieser Politik begreift und angesichts weltweiter Entspannungsbemühungen des Auslands einen Rüstungsetat von 11 Milliarden DM auf seine Kosten nicht mehr hinzunehmen bereit ist. So plant man die Beseitigung aller demokratischen Rechte des Bürgers, um zu tun, was in solchen Fällen immer geschieht: um gegen Interessen und Willen des Volkes regieren zu können. Und die Folgen dieser Politik? Keine kernwaffenfreie Zone in Mitteleuropa, kein Dokument über die deutschen Interessen für die Gipfelkonferenz, und schließlich: Atomwaffen für die DDR; zwei deutsche Staaten, zweimal deutsche Atomwaffen. Und dann? Deutschland hat die Wahl zwischen einer konstruktiven Friedenspolitik und einer Politik, die sich erneut schuldig macht, nach zwei Weltkriegen und 12 Jahren Faschismus.

Nr. 3, 1960

In *Camp David* hatten im Herbst 1959 die Gespräche zwischen Nikita Chruschtschow und US-Präsident Eisenhower stattgefunden. In einer Rede vor der UNO-Vollversammlung schlug Chruschtschow, der als erster sowjetischer Ministerpräsident die USA besuchte, eine allgemeine kontrollierte Abrüstung vor.

Im Mai 1958 hatte das Bundesverfassungsgericht in Karlsruhe eine *Volksbefragung* in Hamburg über die Atombewaffnung der Bundeswehr durch eine einstweilige Verfügung verhindert.

*Franz-Josef Strauß* war seit 1956 Verteidigungsminister unter Adenauer; im Verlauf der »›Spiegel‹-Affäre« (siehe Erläuterung S. 76) mußte er 1962 zurücktreten.

*Rapacki-Plan*: nach dem polnischen Außenminister benannter Vorschlag aus dem Jahr 1957, in Mitteleuropa eine neutralisierte, atomwaffenfreie Zone zu schaffen.

*Honest-John-Rakete*: Mehrzweckwaffe, die auch atomar ausgerüstet werden konnte.

In der *Berlin-Note* an USA, England und Frankreich hatte Chruschtschow den Abzug aller Besatzungstruppen aus Berlin und die Proklamation einer »entmilitarisierten Freien Stadt« vorgeschlagen.

*Anastas I. Mikojan*: 1955–1964 Erster stellvertretender Vorsitzender des Ministerrats, später Staatsoberhaupt der UdSSR.

*Harold M. Macmillan*: von 1957–1963 britischer Premierminister und Führer der Konservativen.

*John Forster Dulles* war US-Außenminister unter Eisenhower und Architekt der »Roll-back«-Politik, die das Ziel verfolgte, den kommunistischen Einfluß mit allen Mitteln zurückzudrängen.

Die Diskussion um das *Notstandsgesetz* beherrschte die Innenpolitik jener Jahre. *Gerhard Schröder* (CDU), 1953 bis 1961 *Bundesinnenminister* und 1961 bis 1966 Bundesaußenminister, trat seit Ende der fünfziger Jahre für die Schaffung eines Notstandsgesetzes ein. Das Gesetz wurde erst zehn Jahre später vom Bundestag verabschiedet. Ulrike Meinhof verfolgte die Entwicklung in vielen ihrer Artikel.

Die Affären und Skandale der *Soraya*, der geschiedenen Frau des Schah, beschäftigte über Jahre hinweg die Regenbogen-Presse. *Anastasia*, die vorgab, die jüngste Tochter des letzten russischen Zaren zu sein, versuchte jahrzehntelang – zuletzt vor dem Bundesgerichtshof – die Anerkennung ihrer Identität gerichtlich durchzusetzen.

# Neue deutsche Ghettoschau

Auf den Schreibtischen von Redaktionen, Verlagen, Wissen-
schaftlern, Politikern und auch Gewerkschaftlern liegt seit
zwei Monaten eine neue Manifestation obrigkeitsstaatlichen
Denkens und Ghettogeistes aus der abendländischen Republik deutscher Nation. Die Eingezäunten sind diesmal nicht
Angehörige der polnischen Intelligenz, auch nicht Juden und
halbe und nur zum Teil Kommunisten; umgattert finden sich
vielmehr die engagierten Skeptiker im Raum bundesrepubli-
kanischer Atompolitik, die an gewonnenen Einsichten auch
dann festhalten, wenn sie sie gleichzeitig von der äußersten
Linken vertreten finden, denen also der Inhalt einer Sache
mehr gilt als die Weltanschauung ihrer Anhänger. Schon im
September 1957 kamen dem Journalisten Winfried Martini
im ›Rheinischen Merkur‹ trübe Meditationen über die Rolle,
die hierzulande der Intellektuelle in der Politik spielt. Und
dahinter stand unverhohlen die These seines Buches »Das
Ende aller Sicherheit«[1], wo er die Demokratie, und das heißt
für ihn wörtlich: »die politische Freiheit« abgeschafft, und
den autoritären Rechts- und Ständestaat im Geiste des »in der
strengen geistigen Zucht des Thomismus« lebenden Diktators
von Portugal: Salazar installiert sehen will. Damals wurde vor
den regierungskonformistischen Äußerungen von Intellektuellen gewarnt, die berüchtigte Weltfremdheit des Wissenschaftlers wurde zur Tugend umgemünzt, die Warnung der
Göttinger 18 als gelehrte Entgleisung abgewiesen. Das Rotbuch des Komitees »Rettet die Freiheit« vom Jahre 1960 – das
uns nun vorliegt – holt zum ersten Schlag aus, die Liste der
den Freiheitsrettern verdächtigen Persönlichkeiten der bundesrepublikanischen Öffentlichkeit »stellt« zwar »keinerlei
Qualifizierung der Unterzeichner dar«, sie enthält auch »nur
eine verschwindend geringe Zahl von Kommunisten«, aber
wo immer diese Namen auftauchen, unter Petitionen, Auf-
rufen oder Einladungen zu Veranstaltungen und Kongressen,
»dann empfiehlt es sich, zu erkunden, ob dahinter nicht
kommunistische Kulturfunktionäre oder Tarnorganisationen
stecken« (S. 136/37).

Man erinnere sich: McCarthy war der Vorsitzende einer

Senatskommission »zur Untersuchung unamerikanischer Umtriebe«, nur einige Zehn wurden verhaftet, Hunderte und Tausende aber standen auf jenen berüchtigten Listen, die den Rundfunkanstalten, der Presse, Vereinen, Organisationen und höchsten Stellen vorlagen, durch die Manuskripte abgewiesen und Beförderungen verhindert, durch die jede freie Diskussion über Amerikas Außen- und Innenpolitik abgewürgt, durch die das demokratische Klima in den USA verpestet wurde. Die »Renommierliste« des Vereins »Rettet die Freiheit« knüpft somit an den übelsten Traditionen eines befreundeten Landes an und ist herausgegeben von einem Komitee, das seinem Namen nach als erstes berufen wäre, eben diese Anknüpfungspunkte zu sterilisieren anstatt ihnen ein come-back auf deutschem Boden zu bereiten.

Dieses Rotbuch ist mehr als die Ausgeburt einiger weniger professioneller Kommunistenhasser. Seine politische Konzeption steht regierungsamtlichen Interventionen im Ost-West-Gespräch und innenministeriellen Gesetzentwürfen zur Aufhebung der Volkssouveränität allzu nahe, und selbst wenn sich der Verein auflösen sollte – und wir wollen eben dieses hoffen – bleiben seine Gründer und Träger Minister im Kabinett Adenauer.

Es werden Presse, Rundfunk und Verlagswesen, Gewerkschaften, Bundeswehr, Friedensbewegung und Atomtodkampagne, der »Sektor Kultur«, die Parteien und Jugendorganisationen um ihres politischen Standortes willen auf die Lebensläufe ihrer Mitglieder hin durchgekämmt, und wo es an verdächtigen Daten fehlt, werden sie durch Spekulationen ersetzt, die den Verwandtschaftsgrad zwischen freigeäußerter Meinung und Pankower Doktrin zuungunsten beider enthüllen und die demokratische Opposition in der BR erledigen sollen. Das Buch will die »kommunistische Infiltration ... entlarven«, welche von der »Ahnungslosigkeit« und dem »Nichtwissen« ihrer »Opfer« lebt (S. 8), es will hilfreich sein im Kampf um den Sieg des Kalten Krieges, denn »wenn wir ihn verlieren, wird unausweichlich der heiße über uns hereinbrechen«, und es will die Erkenntnis von der Bedeutung des »Sektors Infiltration als einen entscheidenden Frontabschnitt im politischen Verteidigungssystem unserer Demokratie« (S. 7 und 8) befördern.

Dieser Art ist die Konzeption der Abendländer und Ständestaatlichen offen vorgetragen – sie auf ihren Gehalt hin abklopfen heißt zwar, sich selbst erschrecken, heißt aber auch, Klarheit finden gegenüber einem Wolf, der schon den Schafspelz abgeworfen hat, und im Begriff ist zuzubeißen.

Das Vokabular ist militant wie weiland der Freikorpsjargon nach dem Ersten Weltkrieg, ein äußerliches Merkmal, gewiß, dennoch beängstigend nach der einmal gehabten Erfahrung und bitter gebüßten Arglosigkeit von damals. Die Gesinnung ist elitär gemäß des Bundesinnenministers Rehabilitierung jener Theorie, welche zum Zweck der irrationalen Rechtfertigung demokratisch nicht legitimierbarer Machtansprüche seit je in offen faschistischen Ländern und nunmehr, wie man sieht, auch bei uns ihre Anwendung findet. Denn wer anders hat die Herausgeber autorisiert, Hunderte von Professoren, Journalisten, Gewerkschaftlern, Rundfunkmännern, Studenten und Jugendlichen der Nichtwisserei und Ahnungslosigkeit zu bezichtigen gegenüber einem Phänomen, mit dem sich gerade diese seit Jahren intensiv auseinandersetzen, wenn es nicht jenes Bewußtsein ist, »eine Gruppe ›auserlesener Individuen‹« zu sein, die sich auf einen »Ruf« hin für ein »gemeinsames Ideal entschieden haben«?[2] Ist dieses Denken nicht vom Typ Stuckart/Globkeschen Rassekommentars? Und schließlich: den Kalten Krieg gewinnen wollen anstatt ihn in beiderseitigem Übereinkommen schnellstmöglich ausgleichend zu beenden heißt: ihn fortsetzen wollen – wie lange? Braucht jener Geist, der die Verfasser »rief«, noch Zeit, um schließlich des Kalten Krieges verlängerten Arm als Zündschnur des heißen fungieren zu lassen und damit das teuflische Spiel vergangener Jahre bis zum Ende, dem endgültigen, durchzuprobieren?

So treten sie auf: militant, um nicht zu sagen militaristisch, mit elitärem Bewußtsein, um nicht zu sagen: antidemokratisch, kaltkriegsentschlossen, um nicht zu sagen: auffordernd zum Präventivkrieg gegen DDR und Sowjetunion, Devise »Schlamm«.

In diesem Geist ist das Material geordnet, hat jedes Kapitel einen Vorspann, der den Blick des Lesers für die Gefährdungen der Freiheit schärfen, oder besser: eintrüben soll, werden an den Pranger gestellt, Professoren, von denen der Student mit Stolz erklärt, er habe bei ihnen »gehört«, Schriftsteller, die als die »wenigen Großen« seit Thomas Mann und Musil bekannt sind, Maler, Bildhauer und Komponisten, deren Kenntnis – so vordergründig dies sein mag – zum Kriterium des Gebildeten in Deutschland gehört.

»Hauptkriegsschauplatz« des Kalten Krieges sei die öffentliche Meinung, heißt es, ihre Unterwanderung, Perversion und Verwirrung sei das Ziel kommunistischer Agitation (S. 10). Und dann reichen die Handlangerdienste leistenden Publikationsmittel von den ›Blättern für deutsche und internationale Politik‹ bis ›konkret‹, von der ›Süddeutschen Zeitung‹ und ›Frankfurter Rundschau‹ bis zum ›Diskus‹. Gegen atomare Aufrüstung sprechen und für die Erhaltung der Freiheit der Meinungsäußerung eintreten, heißt die Funktion einer Fünften Kolonne erfüllen und offener Widerspruch liegt nicht im Bereich der Wahrnehmung demokratischer Rechte, ja Pflichten, sondern auf den Feldern von Verwirrungsmanövern und Perversionsmanipulationen.

Unter dem Stichwort »Zersetzung des Wehrwillens der westdeutschen Bevölkerung« (sic!) wird jegliche Anti-Bundeswehrstimmung dem Ostberliner Agit-Prop-Konto verrechnet, es ist vom »Rummel um den Jahrgang 22« die Rede (S. 28), Meinungsverschiedenheiten über Fragen der internationalen und nationalen Politik werden als »künstlich erzeugt« abgetan (S. 93), die Ablehnung von Soldaten- und Traditionsverbänden aber (Verband deutscher Soldaten, Stahlhelm und Kyffhäuser namentlich) fällt unter den Oberbegriff »Zersetzung des Wehrgedankens« (!) (S. 94).

Wer für den Frieden kämpft »ist – wissentlich oder unwissentlich – ein Kämpfer für die Weltrevolution«, denn unter dem »Schlagwort Frieden« verbirgt sich – wie der Ahnungslose erfährt – eine »Betrugsaktion« leninistisch-gigantischer Provenienz (S. 102). Und gemäß der Unlauterkeit der angeblichen Initiatoren der westdeutschen »Friedensbewegung« kommen auch die Motive jener Professoren und Studienräte, die ihr nahestehen, aus einer Mentalität unterm Strich, die »eine beruflich nicht gebotene Publizität« durch »oppositionelle Spiegelfechterei« zu kompensieren sucht (S. 3). Vor Niemand und Nichts gibt es ein Halt: Parteien, Kirchen und Universitäten versagen unter der Lupe der Freiheitsretter; auf die Mitglieder des Bundestages Helmuth Kallbitzer, Helene Wessel, Arno Behrisch und Peter Nellen, auf den Verband Deutscher Studentenschaften, den Sozialistischen Studentenbund, die Falken, die Deutsche Angestellten-Gewerkschaft und den Deutschen Gewerkschaftsbund, auf den »Bund der deutschen Katholischen Jugend« und die »Evangelische Jugend Deutschlands«, auf die Pädagogischen Hochschulen, die Volkshochschulen und »Heime der offenen Tür«, auf den englischen Unterhausabgeordneten Conny Cilliacus, den Oberkirchenrat Kloppenburg und den ehemaligen Beauftragten der Evangelischen Kirche bei der Regierung der DDR Probst Grüber – auf sie alle und mehr – ihre Zahl scheint Legion – findet das stereotype Vokabular »kommunistisch infiltriert, verdächtig, aufgeweicht, anfällig« und immer so weiter Anwendung.

Als im Frühjahr 1957 achtzehn deutsche Physiker ein Manifest veröffentlichten, in dem sie vor einem Übergreifen des atomaren Wettrüstens auf die Bundesrepublik warnten und schriftlich niederlegten, daß sie sich an einer eigenen deutschen Atomwaffenproduktion nicht beteiligen würden, da wurde die westdeutsche Öffentlichkeit durch Herrn Adenauers altväterlich anmaßende Geste schockiert, mit der er diesen politischen Warnruf von 18 deutschen Gelehrten als inkompetent und überflüssig aus dem Feld bundesdeutscher politischer Diskussion auszuweisen bemüht war. Dieses Verhalten verriet eine bis dahin kaum mehr gekannte Mißachtung des Wissenschaftlers einerseits und eines pluralistisch lebendigen demokratischen Lebens andererseits, wie es durch die Konstituierung einer parlamentarischen Demokratie nach 1945 gewährleistet sein sollte. Es folgten Pressestimmen wie die obengenannte des Herrn Winfried Martini und derbere noch in der christlich-demokratischen Lokalpresse, als im Sommer 1958 die Studenten mit ihren Lehrern auf die Straße gingen, um öffentlich ihr Nein zur atomaren Aufrüstung der Bundesrepublik zu demonstrieren; da hieß es z. B. in einer Münsteraner Tageszeitung: »Glauben Sie nicht den Parolen derer ..., die bereit sind, Sie und ihre Familie, ihren Glauben und ihre Freiheit, ihre Existenz und ihre Zukunft der Diktatur des Bolschewismus preiszugeben. Geben Sie diesen Verleumdungen die gebührende Antwort: Ablehnung und Verachtung«; dies aber war gerichtet gegen den örtlichen Ausschuß »Kampf dem Atomtod«, den Professoren der Universität Münster mitbegründet hatten. Eine solche Kampagne der Ketzerverfolgung ging durch die gesamte Lokalpresse bundesdeutscher Lande, während die großen Tageszeitungen schwiegen, den Protest der Hunderttausende kaum erwähnten, die Gegner der Atombewaffnung als isolierte Sektierer und einflußlose Wenige verleugneten. Zweierlei Methoden angewandt zur Erreichung des gleichen Zieles. Als keine der beiden verfing, als sich in Gelsenkirchen der Ständige Kongreß zur Sammlung aller Gegner der atomaren Aufrüstung konstituierte, da zögerte Herr Schröder nicht länger und erließ im Deutschen Bundestag selbst den Aufruf zu Hexenjagd und Inquisition, nicht um Verfassungsfeinde zu schassen, sondern um Demokraten und Atomwaffengegner mundtot zu machen und auszuschalten.

Was in Presse und Rundfunk vorbereitet war, wurde im Bundestag von höchster Stelle formuliert, während zugleich das Gesetz über das Verbot der Volksbefragung zur Atomrüstung durchgesetzt wurde. Dem Wähler war damit die Abstimmung über eine lebenswichtige Frage deutscher Politik untersagt, seinen Sprechern die Alternative zwischen biedermeierlicher Berufsausübung sine ira et studio oder Gefährdung von Arbeitsplatz und Redefreiheit, mit Denunzianten im Kolleg und ministeriellen Interventionen vorgestellt.

Die dritte Phase nun setzte ein mit dem Rotbuch des Komitees »Rettet die Freiheit«, das die Namen der Betroffenen säuberlich alphabetisch geordnet, Lebende und Tote durcheinander, seitenlang aufzählt, die Anonymität der Beschuldigten also aufhebt und damit eine neue deutsche Ghettoschau eröffnet. Aus der »Meditation« über eine politische Rolle von Intellektuellen »hierzulande« wurde ein Pogromaufruf, aus einsamen Warnern wurden Großinquisitoren von christlich-demokratischen Gnaden, Freiheitsretter entpuppten sich als die Pioniere eines neuen deutschen Faschismus.

Das System ist klar und abscheulich genug. Aber es reicht nicht aus. Auf der Seite der Opposition stehen Fakten, die gewaltlos nicht aufhebbar sind. So greift man, wo der Nachweis hintergründiger Kontakte nicht mehr gelingt, zum letzten Mittel publizistischer Kriegskunst: zur offenen Lüge und unverschämt falschen Behauptung. Man entblödet sich nicht, Verleumdungen, die vom Bulletin der Bundesregierung selbst bereits dementiert werden mußten, erneut zu verbreiten und bietet dem Leser in dem ihm überschaubaren Umkreis eine solche Fülle nackter Unwahrheiten, daß damit selbst eine potentielle Bereitschaft, dem Rotbuch zu glauben, zerstört wird. Die Schraube ist überdreht, der Angriff schlug zurück: Es hagelt nun Strafanträge, Jesko von Puttkammer erwirkte eine einstweilige Verfügung bei der Bonner Staatsanwaltschaft, der Verein löst sich auf, wie man hört.

Aber auch dies ist nicht der erste Fall seiner Art. Auch dies ist nicht harmlos. Man erinnere sich: Als sich der Sturm gegen eine Lex Soraya gelegt hatte, kam das schlimmere Ehrenschutzgesetz des Herrn Schäffer zum Vorschein, als der Zorn über Herrn Schröders Notstandsgesetzesrede in Stuttgart vom November 1958 verraucht schien, propagierte er den Entwurf für ein Notdienstgesetz, sprich: einen Volkssturmparagraphen und abzusehen ist noch nicht, welche Grundgesetzänderung dem Rotbuch eines blamierten Komitees folgen wird, dessen Gründer bis heute noch Minister sind im Kabinett Adenauer. Minister, die einen Telefonabhör- und Briefzensurdienst planen, Minister, die eine eigene westdeutsche Raketenproduktion initiiert haben, Minister, die die Bundeswehr gegen Streiks mobilisieren wollen, Minister, die die atomare Aufrüstung der Bundeswehr in einer Zeit weltweiter Entspannung weiterhin forcieren, Minister, die die »Befreiung« des deutschen Ostens proklamieren, Minister, die die Todesstrafe für Landesverräter fordern.

Wir sind nicht bereit, zu glauben, daß man in Bonn einen »Blitzkrieg« gegen die DDR plant, obwohl die Einsicht in die Unvernünftigkeit einer Sache noch nicht gegen das Vorhandensein derselben spricht. Und in Deutschland wurde schon einmal gedacht: »Das kann ja gar nicht sein«, und geschah dann doch und hat Millionen von Menschen das Leben gekostet. Fest steht: Es darf nicht sein, fest steht, daß die Tendenzen der bundesdeutschen Politik heute jede, weiß Gott jede Befürchtung rechtfertigen, fest steht, daß in dieser Situation der Optimismus den Toren, den Tumben überlassen bleiben muß, daß sich zusammenschließen müssen alle, in denen der Verdacht, das Mißtrauen und das Unbehagen wachgeworden ist, zu verhindern, was schon einmal nicht verhindert wurde. Vorsicht sei besser als Nachsicht – heißt es, und daß Vorsicht geboten ist, dazu bedarf es keiner neuen Beweise mehr.

*Anmerkungen*

1 Winfried Martini: Das Ende aller Sicherheit – Eine Kritik des Westens. Deutsche Verlagsanstalt, Stuttgart, 2. Auflage, 1955.
2 Gerhard Schröder: Elitebildung und soziale Verpflichtung. Schriftenreihe aus der Bundeszentrale für Heimatdienst, Heft 12, 1955, S. 6.

Nr. 10, 1960

Das *Rotbuch* war im Frühjahr 1960 veröffentlicht worden. Es enthielt die Namen von 452 Hochschullehrern, Schriftstellern und Künstlern, darunter: Wolfgang Abendroth, Max Born, Otto Dix, Werner Egk, Ida Ehre, Leonhard Frank, Willi Geiger, Albrecht Goes, Helmut Gollwitzer, Karl Hubbuch, Hans Henny Jahnn, Erich Kästner, Wolfgang Koeppen, Peter Lühr, Alfred von Martin, Martin Niemöller, Carl Orff, Otto Pankok, Hans Purrmann, Franz Radziwill, Ernst Rowohlt, Luis Trenker, Fritz von Unruh, Wilhelm Wagenfeld, Alfred Weber, Günther Weisenborn. Sie alle wurden der »kommunistischen Kulturarbeit« verdächtigt und als Söldner Moskaus hingestellt. Der erste, mit Staatsgeldern unterstützte organisierte Versuch der Intellektuellenhetze in der Bundesrepublik ging auf den Verein »Rettet die Freiheit« zurück, eine Initiative, mit der sich der junge CDU-Bundestagsabgeordnete Rainer Barzel profilierte.

Der Text der *Göttinger Erklärung der 18 Atomwissenschaftler* ist abgedruckt in: Vaterland, Muttersprache. Wagenbach, Berlin 1994, S. 139.

*Wilhelm Stuckart* und *Hans Globke* verfaßten den offiziellen Kommentar zu den Nürnberger Rassegesetzen; Globke war unter Adenauer jahrelang Staatssekretär im Bundeskanzleramt.

*William S. Schlamm* war Kommentator der ›Welt‹.

*Jesko von Puttkammer* war Chefredakteur des sozialdemokratischen ›Vorwärts‹, später Botschafter u. a. in Israel und Jugoslawien.

Die *Lex Soraya*, eine Strafrechtsnovelle, die Berichte über das Privatleben fremder Staatsoberhäupter mit Strafe bedrohte, war auf Betreiben des Schah in aller Eile vom Bundeskabinett verabschiedet worden. Das Gesetz scheiterte allerdings im Bundestag.

*Fritz Schäffer* (CSU) entwarf in seiner Amtszeit als Justizminister (1957–1961) im Zuge einer »Großen Strafrechtsreform« mehrere Pläne zum »Ehrenschutz«. Das Delikt der »öffentlichen Erörterung fremder Privat-Angelegenheiten« sollte demnach mit Gefängnisstrafen bis zu zwei Jahren bestraft werden können. Hauptsächlich gegen die Presse gerichtet, sollten damit Berichte unterbunden werden »ohne Rücksicht darauf, ob die Behauptung wahr oder unwahr ist. Über die Wahrheit der Behauptung darf kein Beweis erhoben werden.«

# Geschichten von Herrn Schütz

Erstmalig in der Bundesrepublik wurde am 14. Juli 1960 ein Professor nicht wegen einer etwaigen Verletzung des Grundgesetzes, auch ohne den Verdacht einer straffälligen Tat, nur um seiner oppositionellen Anschauungen gegenüber der Regierungspolitik willen faktisch seines Lehramtes entkleidet: Prof. Dr. Renate Riemeck wurde aus der Prüfungskommission für Geschichte und Politische Bildung an der Pädagogischen Akademie Wuppertal durch den Kultusminister von Nordrhein-Westfalen, Werner Schütz, abberufen – um sie aus dem politischen »Schußfeld« zu nehmen, um ihr »Schutz« zu gewähren vor »Angriffen aus der Öffentlichkeit«.

Am 26. November 1959 war ein Artikel im Blatt der deutschen Rüstungsindustrie, des Herrn Flick, in der ›Deutschen Zeitung‹ erschienen unter der Überschrift »Professor Riemeck prüft Marx.« Weil die Lehrerstudenten aus der DDR nach dem Geschichtsbild des Historischen Materialismus in der Prüfung befragt wurden, glaubte die ›Deutsche Zeitung‹ gegen Renate Riemeck ins Feld ziehen zu müssen.
Das Geschichtsbild von 900 Millionen Menschen, die auf unserer Erde leben, hat den deutschen Wissenschaftler und Lehrer nicht zu interessieren – nach Meinung der ›Deutschen Zeitung‹.

Im März 1960 erschien das Rotbuch des Komitees »Rettet die Freiheit«, in dem Hunderte von Professoren – darunter auch Renate Riemeck – der »Ostanfälligkeit« und des Handlangerdienstes für den Kommunismus verdächtigt wurden.
Gegnerschaft gegen atomare Aufrüstung ist Handreichung für den Kommunismus – nach Meinung des Rotbuches.

Am 16./17. Juni 1960 meldete sich das Blatt der deutschen Rüstungsindustrie, die ›Deutsche Zeitung‹, zum zweitenmal. Diesmal stach ihr ins Auge ein Aufsatz von Renate Riemeck in den ›Blättern für deutsche und internationale Politik‹: »Aufstand in Südkorea – Revolte in der Türkei«. Weil in diesem Artikel der Kampf der türkischen und koreanischen Studenten für demokratische Verhältnisse in ihrem Staat analysiert wurde – glaubte die ›Deutsche Zeitung‹, das Blatt des Herrn Flick, feststellen zu müssen: Es ist nicht schwer zu erraten, zu welchen Schlußfolgerungen hier aufgefordert wird.

Verständnis für den Kampf türkischer und koreanischer Studenten kommt der Aufforderung zum Aufstand in der Bundesrepublik gleich – nach Meinung der ›Deutschen Zeitung‹.

Im gleichen Monat – Juni 1960 – erschienen zwei *anonyme* Leserzuschriften in der ›Westdeutschen Rundschau‹: Warum sagen Niemöller und Riemeck nichts zur Zwangskollektivierung in der Zone? Warum sagen sie, die für die Politik der Bundesregierung harte Worte der Kritik finden, nichts über das Unrechtssystem jenseits des Eisernen Vorhangs?

Die Politik der Bundesregierung darf nur kritisieren, wer zuvor die DDR verurteilt – nach Meinung der Anonymen in der ›Westdeutschen Rundschau‹.

Am 14. Juli 1960 wurde den Studenten der Pädagogischen Akademie in Wuppertal per Anschlag folgendes bekanntgemacht: »Auf Grund eines Erlasses des Herrn Kultusministers vom heutigen Tage tritt in dem bereits bekanntgegebenen Prüfungsplan für die am 16.7.1960 beginnende Prüfung folgende Änderung ein: Die Berufung von Frau Prof. Riemeck in das Prüfungsamt ist mit dem 30.6.1960 erloschen. An ihre Stelle tritt in den Vorsitz des Prüfungsausschusses für Geschichte Herr Studienrat Dr. Klein ein ...« Begründung des Herrn Kultusministers: »Diese Maßnahme ist notwendig, zum Schutz von Frau Riemeck vor Angriffen aus der Öffentlichkeit.«

Die Öffentlichkeit der Bundesrepublik rekrutiert sich aus ›Deutscher Zeitung‹, Rotbuch und zwei anonymen Lesern – nach Meinung des Kultusministers.

Am Samstag, dem 16. Juli, wurden einige Vertreter des AStA der Akademie im Auftrage der Studentenvollversammlung beim Kultusminister vorstellig.

»Das Recht auf freie Meinungsäußerung hat bei uns jeder Mensch«, sagte der Herr Minister, aber: »die Äußerungen eines Beamten, die schon *bei einer kleinen Gruppe der Öffentlich-keit* Anstoß erregen, genügen, um das Beamtenrecht zu ver-letzen. Dabei spielt es zunächst keine Rolle, ob diese Äuße-rungen der Wahrheit entsprechen oder nicht. Entscheidend ist der Eindruck in der Öffentlichkeit.« Zur näheren Begrün-dung wurde ausgeführt: »Der Artikel (über die Studentenun-ruhen in Korea und der Türkei) – und die durch ihn herauf-beschworene starke Kritik am Wirken der Frau Prof. Renate Riemeck« (vgl. ›Deutsche Zeitung‹ 16./17. Juli 1960) »war der letzte Anstoß zur Abberufung.«

Dann wurde präzisiert: »Frau Prof. Dr. Riemeck fuhr zum Beispiel zur 400-Jahrfeier der Universität Jena ... Sie äußerte sich dort abfällig über die Bundesrepublik und übte Kritik.« (Sie nahm dort an den Zentenarfeierlichkeiten der theologi-schen Fakultät teil). »Leider hören wir hier von ihr kein Wort der Kritik an der Zone und ihrem Regime, sondern nur Ver-harmlosung.« »Der Splitter in unserem Auge ist im Gegen-satz zum Balken drüben nur geringfügig. Frau Riemeck sieht zu einseitig nur den Splitter. Bei uns wird nur der Balken beleuchtet!«

Bei uns wird nur der Balken beleuchtet – nach Meinung des Ministers.

Am 18. Juli schrieb die ›Westdeutsche Rundschau‹ unter der Überschrift »Der Westen hat an allem Schuld« über einen Artikel von Renate Riemeck in der ›Stimme der Gemeinde‹ (13/60) zum Zusammenbruch der Pariser Gipfelkonferenz. Die Analyse, welche wie der Untersuchungsausschuß des amerikanischen Senats unter Vorsitz von Senator Fulbright zu dem Ergebnis kam, der U-2-Flug über der Sowjetunion habe die Konferenz zum Scheitern gebracht, wird dort als unqualifizierte Totalverurteilung des Westens und als Ideali-sierung Chruschtschows abgewiesen, ein Mangel an Anti-kommunismus wird mißbilligend konstatiert.

Was Fulbright sagt, darf ein Professor noch lange nicht sagen – nach Meinung der ›Westdeutschen Rundschau‹.

Am Morgen des 18. Juli saßen 330 Studenten der Wuppertal-er Pädagogischen Akademie auf den Stufen des Kultusmini-steriums. Auf ihren Transparenten war zu lesen:

24

»Wir Studenten der Pädagogischen Akademie Wuppertal protestieren gegen den Mißbrauch demokratischer Machtbefugnisse durch den Kultusminister!«

»Keiner darf um seiner politischen Meinung willen benachteiligt werden!«

»Ist Demokratie schon wieder ein Wagnis?«

»Gegen die Einschränkung der freien Meinungsäußerung!«

»Ist der Beamte nicht auch in erster Linie ein Staatsbürger?«

»Studenten fordern Rehabilitierung von Frau Prof. Riemeck!«

Die Vollversammlung hatte bei einer Anwesenheit von über 500 Studenten von den 717 Studierenden der Akademie diesen Sitzstreik beschlossen. Dazu der Minister:

»Es haben heute morgen etwa 200 Studenten auf den Stufen des Kultusministeriums Platz genommen – ich hoffe sehr, daß sie sich keine Erkältung zugezogen haben.«

Dazu der Vorstand der Gewerkschaft Erziehung und Wissenschaft in Nordrhein-Westfalen (in Vertretung von 14 000 Lehrern):

»Die Aktionen der Studierenden der Pädagogischen Akademie Wuppertal sind ein erfreuliches Zeichen für die Bereitschaft akademischer Jugend, sich für die Demokratie, ihre Rechte und Freiheiten einzusetzen.«

Man kann sich beim Einsatz für die Rechte und Freiheiten der Demokratie erkälten – bei uns in der Bundesrepublik.

Am gleichen Tag, um 13 Uhr, veranstalteten die Studenten ihre Pressekonferenz. Was sie dort sagten, entsprach ihrem Auftreten am Morgen – nunmehr ohne Begleitung von berittener Polizei und Überfallkommando.

*Sie protestierten*
- gegen die Methoden des Ministers, politisch Andersdenkende durch administrative Maßnahmen auszuschalten
- gegen eine Beschränkung der Lehrfreiheit aus politischen Gründen
- gegen eine Diffamierung nach Art des Rotbuches vom Komitee »Rettet die Freiheit«
- gegen Rechtsunsicherheit für Beamte.

*Sie wiederholten* die Bezeugung, Frau Prof. Riemeck habe ihre politischen Ansichten nicht in die Akademie getragen.

*Sie forderten* Meinungsfreiheit im Sinne von Grundgesetz und Demokratie.

Für die Erhaltung der Lehrfreiheit ihrer Professoren gehen die Studenten auf die Straße – bei uns in der Bundesrepublik.

Zwei Stunden später eröffnete der Minister seine Gegenkonferenz in den Räumen des Kultusministeriums: Schutz für Renate Riemeck vor Angriffen aus der Öffentlichkeit – Schutz der Ordnung – Schutz der bundesdeutschen Außenpolitik – waren die Thesen in der Dialektik seines Vortrages, resümiert in der Aussage:

»Unbeschadet der Freiheit der Meinungsäußerung kann der Staat niemals darauf verzichten, über die richtige Wertung außenpolitischer und sonstiger Vorgänge durch seine Beamten zu wachen.« (sic!)

»Richtige Wertung«? – wo liegt der Maßstab? – »Wachen«? – Wie? – »Sonstiger Vorgänge«? – Kilb? Blankenhorn? v. Hobe? Joop Zwaart? Notstandsgesetzgebung? Zweites Fernsehprogramm? – Festgenagelt auf diesen Satz wich der Minister zurück, dementierte jedoch durch Bekräftigung: »Ich habe von Bewertungen gesprochen, die der Auffassung aller politischen Gruppen zuwiderlaufen und habe dann hinzugefügt, das möchte ich jetzt ergänzen, daß es in unserem Staat nur eine ganz bestimmte Freiheit geben kann, wir müssen uns in ganz bestimmten Grenzen halten.«

Gemeinsame Außenpolitik per Administration? – Und Artikel 21 Grundgesetz: »Die Parteien wirken bei der politischen Willensbildung des Volkes mit«?

Den Satz von der Freiheit in Grenzen dementierte er gleichfalls, aber anders, was blieb, war die »Grenze«: Befragt nach der Erklärung der SBZ-Studenten gegen die Abberufung von Frau Prof. Riemeck aus dem Prüfungsausschuß der Akademie, antwortete er: »Ich kenne die Erklärung der SBZ-Lehrer nicht und kann sie mir selbst nicht vorstellen. Bei uns werden sie freundschaftlich akademisch vorgeladen, drüben würden sie wohl die Freiheit verlieren. Ich kann mir nicht vorstellen, daß SBZ-Lehrer, die geflüchtet sind, eine solche Erklärung abgegeben haben. Würden sie sie abgeben, so muß ich mir vorbehalten, ihre Eignung zum pädagogischen Studium erneut zu überprüfen.« (sic!)

Die SBZ-Lehrer haben inzwischen darauf verzichtet, ihre Erklärung zu publizieren. Einer von ihnen: »Dann hätten wir ja gleich drüben bleiben können.«

Der Herr Minister gab sich leutselig. Frage: »Herr Minister, es wird Ihnen bekannt sein, daß sehr viele Menschen geistiger Berufe die außen- und innenpolitische Entwicklung der Bundesrepublik mit großer Sorge betrachten und dies auch sagen. Wo liegt die Grenze jenseits welcher der Ausdruck dieser Sorge für einen Beamten untragbar ist?«

Der Minister: Die Grenze liegt nur im Einzelfall, sie hängt von Zeit, Ort, Häufigkeit und der Person, die diese Äußerungen macht, ab.

Eine Äußerung wird durch häufige Wiederholung falsch – in der Bundesrepublik. Nicht alle Menschen sind vor dem Gesetz gleich – in der Bundesrepublik – nach Meinung des Ministers.

Frage: »Herr Minister, ist es eine bösartige Unterstellung, wenn man annimmt, der Maßstab läge im Grad der Ablehnung der Verhältnisse in der SBZ? Je mehr man die SBZ verurteilt, desto eher kann man sich gegenüber der Bundesregierung kritisch äußern?«

Der Minister: Das kann man sagen. Bei Frau Riemeck liegt ein ausgesprochenes Übermaß der Verkennung der Lage vor.

Der Minister: »Herr Studienrat Dr. Klein ist seit Jahren sehr bewährt in politischer Erziehung und Geschichte.« »Überparteilichkeit« und »Unparteilichkeit« in den Prüfungen sind nach Meinung des Ministers durch Herrn Dr. Klein für die Studenten gewährleistet.

Das Dozentenkollegium der Wuppertaler Akademie verabschiedete am Montag, 18. Juli, eine Erklärung, die der Presse übergeben werden sollte. Durch Intervention des Ministers bei der Rektorin der Akademie, Frau Professor Heuser, konnte die Erklärung nicht veröffentlicht werden.

Der Minister: Ich erinnere Sie an Ihre Pflichten als Beamte gegenüber Ihrem Dienstherrn. Sie haben als Kollegium nicht das Recht, zu einer rein staatlichen Angelegenheit Stellung zu nehmen.

Inzwischen sind eine Fülle von Stellungnahmen beim Kultusminister von Nordrhein-Westfalen eingegangen.

Wer die Außenpolitik des Westens so falsch beurteilt, ich meine, wer ein Übermaß an Kritik unserer Zustände anmeldet, bei gleichzeitigem Verzicht auf Kritik an der Ostzone, der ist unerträglich ... Der Beamte hat sich vor dem Schein zu wahren, daß er (ost)anfällig ist.

Ergänze Artikel 2,1 GG folgendermaßen: Jeder hat das Recht auf die freie Entfaltung seiner Persönlichkeit, soweit er nicht die Rechte anderer verletzt, nicht gegen die verfassungsmäßige Ordnung oder das Sittengesetz verstößt, die DDR verurteilt, und dieser Ablehnung öffentlich, häufig und nachdrücklich Ausdruck gibt.

*Nachträge*

Aus der Biographie des Nachfolgers von Prof. Riemeck in der Akademie-Prüfungskommission für Geschichte und Politische Bildung ist – auf Grund einer notariell beglaubigten Zeugenaussage – folgendes bekannt: Gemäß eigener Mitteilung ist er neben seiner Mitarbeit in der Arbeitsgemeinschaft demokratischer Kreise, Godesberg, tätig bei der deutschen Spionage und Gegenspionage und zugleich Mitarbeiter des Amtes Gehlen im Bundesinnenministerium.

Der Vorstand der Gewerkschaft für Erziehung und Wissenschaft (GEW) von nrw schreibt in seiner Lehrerkorrespondenz: »Die Äußerungen des Kultusministers hält die GEW für außerordentlich bedenklich! Sollte sich die Landesregierung nicht von diesen Auffassungen des Ministers distanzieren, muß daraus geschlossen werden,

daß der Ermessensspielraum des Dienstherrn seinen Beamten gegenüber unerträglich ausgeweitet werden könnte,
daß ein Beamter nur dann Kritik an Zuständen und Vorgängen in der Bundesrepublik üben darf, wenn er gleich-

zeitig Verhältnisse in der sowjetischen Besatzungszone kritisiert,
daß der Beamte in seinem Staatsbürgerrecht zur politischen Betätigung beeinträchtigt würde.«

Kirchenpräsident Niemöller, Studentenpfarrer Mochalski, Pfarrer Werner und zahllose Professoren, Verbände und Organisationen haben ihrer Empörung über die Maßnahmen des Kultusministers Ausdruck gegeben.

Alles darf sein: Ein Rassenkommentator im Bundeskanzleramt, Hunderte von Nazirichtern, ein v. Hobe im Verteidigungsministerium, ein Seebohm als Bundesminister – alles darf sein, nur eines nicht: ein Professor, der Nein sagt zu Atomrüstung und Notstandsgesetzgebung, ein Professor, der von Artikel 3 Grundgesetz Gebrauch macht, in anderem Sinne als es von Bundesregierung und CDU-Landesministern gewünscht wird.

Die Studenten der Pädagogischen Akademie Wuppertal planen weitere Schritte für den Beginn des Wintersemesters zum Schutz von Meinungs- und Lehrfreiheit. Wenn dem Durchbruch des Kultusministers nicht Einhalt geboten wird, ist nicht abzusehen, wo die begonnene Säuberungsaktion deutscher Hochschulen enden wird.

Wir schließen mit den Worten des Ministers: »Nach den Erfahrungen von 1933 bis 1945 sind wir mit Recht besonders empfindlich geworden in der Behandlung der wissenschaftlichen Hochschulen, des geistigen und pädagogischen Lebens in der Bundesrepublik und unseres Landes.«

Der Grad unserer Empfindlichkeit kann dem Minister und denen, die ihn stützen, nicht deutlich genug vorgeführt werden.

Nr. 15, 1960

Die Historikerin *Renate Riemeck* war die Ziehmutter von Ulrike Marie Meinhof. Im Jahr ihrer Abberufung aus der Prüfungskommission der Pädagogischen Akademie Wuppertal legte sie ihr Lehramt nieder und bat um Entlassung aus dem Staatsdienst. Bis 1964 war sie Direktoriumsmitglied der Deutschen Friedensunion (DFU), seitdem Publizistin. 1980 gab Rolf Hochhuth die Geldsumme des Geschwister-

Scholl-Preises an Renate Riemeck weiter, die auf die ihr zustehende Beamtenrente verzichtet hatte.

Senator *J. W. Fulbright* war von 1959 bis 1974 Vorsitzender des Außenpolitischen Ausschusses im US-Senat und einflußreichster Kritiker der amerikanischen Außenpolitik.

*U2:* Am 1. Mai 1960 wurde ein amerikanisches Aufklärungsflugzeug dieses Typs bei Swerdlowsk abgeschossen. Die USA sprachen von einem Wetterbeobachtungsflugzeug. Der Zwischenfall trug wesentlich dazu bei, daß die Gipfelkonferenz der Staatschefs der UdSSR, USA, Großbritanniens und Frankreichs im Mai in Paris ergebnislos abgebrochen wurde.

Der als »Schatten Adenauers« bezeichnete persönliche Referent des Kanzlers *Hans Kilb* wurde im September 1958 wegen Bestechungsverdachts in Untersuchungshaft genommen.

*Herbert Blankenhorn*, ehemaliges NSDAP-Mitglied, war seit 1951 Leiter der Politischen Abteilung des Auswärtigen Amtes, später Botschafter. 1958 wurde vom Landgericht Bonn der Vorwurf erhoben, er habe die Denunziationen gegen einen Ministerialbeamten ohne Überprüfung der Anschuldigungen bedenkenlos weitergegeben.

Bundeswehrgeneral *Cord von Hobe* zeigte anläßlich eines Gerichtsverfahrens im Juli 1960 Verständnis für die »Notwehrsituation« des Angeklagten, eines ehemaligen Generalleutnants der Waffen-SS, der vier Wochen vor der Kapitulation 1945 drei Männer einer fränkischen Kleinstadt wegen »Wehrkraftzersetzung« hinrichten ließ.

*Joop Zwaart*, holländischer Journalist, der als »Geschäftsführender Sekretär des Internationalen Untersuchungsausschusses Lemberg 1941« mit großem Elan versuchte, den Bundesvertriebenenminister Oberländer vom Vorwurf zu entlasten, an Massenerschießungen von Juden und Polen beteiligt gewesen zu sein. Im Oktober 1959 stellte er die Behauptung auf, Chruschtschow trage die Verantwortung für die Massaker.

Die Regierung Adenauer hatte im September 1959 ein Gesetz vorgelegt, das vorsah, daß der Bund eine Anstalt des öffentlichen Rechts mit dem Namen »Deutschland-Fernsehen« errichtete; die Gestaltung dieses *Zweiten Fernsehprogramms* sollte privaten Gesellschaften übertragen werden. Im Fernsehurteil von 1961 entschieden die Verfassungsrichter, der Bund habe mit dem »Deutschland-Fernsehen« gegen das Grundgesetz verstoßen.

Vorläufer des Bundesnachrichtendienstes (BND) war die »Organisation Gehlen«. *Gehlen*, ehemaliger Generalstabschef der Wehrmacht, hatte in den 50er Jahren mit Billigung der Amerikaner den Geheimdienst aufgebaut.

*Hans-Christoph Seebohm*, langjähriger Verkehrsminister unter Adenauer, fiel als Sprecher der Sudetendeutschen Landsmannschaft immer wieder auf: So verteidigte er zum Beispiel das Münchner Abkommen von 1938 und forderte mehrmals die Rückgabe der Ostgebiete.

# Säbel und Ketten

Die Beratungen des Deutschen Bundestages über den Haushalt für 1961 sind abgeschlossen. Es ist der höchste Etat des Bundes, der in Bonn je verabschiedet wurde: Spiegelbild eines wirtschaftswunderlichen Sozialprodukts, Spiegelbild aber auch eigener historischer Belastungen und fragwürdiger politischer Perspektiven. Zwei Posten fallen auf und erscheinen besonders bemerkenswert:

Die Ausgaben für den sogenannten Verteidigungsbeitrag der Bundesrepublik im Rahmen der Atlantischen Gemeinschaft (sie betragen rd. 12 1/2 Milliarden DM) und die Ausgaben für die sogenannten Kriegsfolgelasten (mit rd. 11 Milliarden DM). Beide zusammen machen 53% des gesamten Haushalts aus. Das Feld, der durch diese zwei Posten markierten bundesdeutschen Situation umfaßt Herkunft und Zukunft des Weges, der von uns, die wir schließlich nicht Reisende sind ohne Gepäck, gegangen werden soll. Die Vergangenheit, geistig so wenig bewältigt wie finanziell, ist bekannt oder sollte es wenigstens sein, und der Tribut, den wir für sie zu bezahlen haben, ist festgelegt durch das, was irreparabel geschah. Aber neben der Belastung des Haushalts durch einen gewesenen Krieg steht seine Belastung durch einen neuen, der, wie die einen sagen, verhindert werden soll, oder der, wie die andere Seite behauptet, vorbereitet wird.

Überlassen wir diesen propagandistischen Spuk kurzschlüssiger Beweisführung ihren jeweiligen Denkern und Denkesdenkern, den schrecklichen Vereinfachern beiderseits des Brandenburger Tors, fragen wir konkret und gründlich: Welches ist die gesamtpolitisch militärische Konzeption, mit welcher die immense Höhe der sogenannten Verteidigungsausgaben, des relativ größten Postens im Etat, begründet wird? Legen wir also den Finger auf diesen Posten und fragen: wie kommt er hierher? Und – wo bringt er uns hin?

Seit ungefähr zwei Monaten spielt Strauß mit offenen Karten. Er hat den Trumpf der stärksten kontinentalen Armee, der Übererfüllung des Solls MC 70 (das den NATO-Mitgliedsstaaten atomare Rüstungen empfahl) und der Vorauszahlung von Rüstungsaufträgen an Amerika in der Hand und hebt an zum Hauptstich nachkriegsdeutschen Europaskats: zur politischen Integration der NATO unter deutscher Führung, zur militärischen Usurpation der bundesdeutschen Demokratie unter seiner eigenen Kanzlerschaft. Allein die nicht unberechtigte Skepsis gegenüber der Durchführbarkeit dieses Programms gibt unserer These den Anschein der Übertreibung.

Was heißt »Politische Integration der NATO«? Und – was heißt »unter deutscher Führung«?

Integration der NATO – dieser Ruf ist nicht neu und wird immer dann um so lauter und beschwörender erhoben, wenn das Dilemma westeuropäischen Einzelversagens besonders evident ist: Algerien und Kongo auf der einen Ebene, EWG und EFTA auf der anderen. Diese hilflose Proklamation des Integrationsgedankens aller beteiligten Länder hat der Bundesverteidigungsminister Franz Josef Strauß in seiner Rede vor dem Economic Club in New York am 16. Januar 1961 – nicht ohne die Beobachter des In- und Auslandes durch diese neudeutsche Diktion zu verwundern – in ein anschauliches Programm umgesetzt. Militärisch, politisch, wirtschaftlich und moralisch fordert er sie. *Militärisch*, d. h. Fortsetzung der bisherigen gemeinsamen Rüstungsplanung, Straffung der NATO als militärische Organisation, verstärkte Einbeziehung nationaler Streitkräfte in die gemeinsame Strategie. *Politisch*, d. h. gemeinsames Auftreten der NATO-Staaten in der UNO, d. h. gemeinsames Vorgehen in Sachen Kolonialismus in Afrika, d. h. gemeinsame Planung von Notstand und sogenannten zivilen Bevölkerungsschutz im Innern der Länder. Unter *wirtschaftlicher Integration* will er verstanden wissen, die Schaffung eines gemeinsamen Wirtschaftsraumes, eine gemeinsame Wirtschaftspolitik gegenüber dem Sowjetblock und schließlich die arbeitsteilige Zusammenarbeit in Rüstungstechnik und -wirtschaft. Hinsichtlich der *moralischen Einheit* aber müsse die NATO dem »Siegesglauben der Fahnenträger des Weltkommunismus«, ein »atlantisches Bewußtsein« entgegensetzen, »das sich in einer gemeinsamen Politik ausdrückt und auch auf die bündnisfreie Welt ausstrahlt«. Während der Kalte Krieg – hier finden wir Dauer und Horizont seines atlantischen Programms – solange dauern wird, »wie es einen von der Sowjetunion und von Rot-China mit expansiver Dynamik und revolutionärer Kraft getragenen Weltkommunismus gibt«.

Einen Monat später, als das Befremden im In- und Ausland über dies breitbeinige Auftreten des Bonner Bajuwaren in den USA sich beruhigt hatte, immerhin war die Rede mehr großkotzig als konkret, stößt das Bonner Bulletin mit einer Artikelserie nach, die sich »Die atlantische Allianz als politische Gemeinschaft« nennt, aus der Feder eines Dr. H. A. Schwarz-Liebermann von Wahlendorf, »ehemals stellvertretender Direktor in der politischen Abteilung der NATO«. Der Aufsatz ist klüger und geschliffener als manches, was man sonst aus der Schule des Kanzlers zu lesen Gelegenheit findet, man fühlt einen Hauch vom Scharfsinn, der hinter den dummdreisten Auftritten ministerieller Klubredner stehen mag. Dieser »von Wahlendorf« fügt Strauß' Konzeption einen weiteren Gesichtspunkt hinzu. Er weist darauf hin, daß die Schaffung einer politischen Gemeinschaft die Aufgabe eines Teils der eigenen nationalen Souveränität notwendig macht, des Rechts und der Fähigkeit »to do it alone«, und weil die nationale Souveränität unaufhebbar scheint, fordert er sie geistig und schließlich praktisch, indem er zum Ziel die »Integration des Denkens« macht und dieser Integration auch wissenschaftliche Forschung, ja sogar die Erziehung und die Koordination der Universitäten Europas neben Wirtschaft, Technik, Militär und Politik einordnet.

Das ist »Integration«: Die Aufhebung aller gewonnenen Souveränität, Emanzipation, Autonomie des Denkens, der Technik, des Lebensstils, der Wissenschaft, der Erziehung, der abendländischen Bildungsstätten. Und in welchem Interesse? Im Interesse eines militärischen Bündnisses, das sich an einen Kalten Krieg klammert, der seinerseits durch das Bündnis gestiftet wird, solange zur Bedingung seines Endes die totale Selbstaufgabe des kommunistischen Partners ansteht. Diese Bedingung aber schafft halsbrecherisch eine sich selbst ad absurdum führende Alternative: Krieg durch Aggression oder Krieg durch Zufall. Ein Zeitgefühl tut sich hier kund, das in Deutschland nicht unbekannt war, als man noch mit zwölf anstatt tausend Jahren vorlieb nehmen mußte.

Soweit »Integration«.

Unter deutscher Führung? Ja! Denn dieser Herr von Wahlendorf geht ins Detail, stellt die Frage des institutionellen Verfahrens und führt aus. In der Zusammenarbeit der NATO-

33

Partner habe die Stimme *jedes einzelnen Staatsbürgers* durch das Medium der öffentlichen Meinung Gewicht, jedoch träten die schwächeren Staaten naturgemäß hinter den stärkeren zurück, ein »gewisses Element der Führung durch die Hauptmächte ist ständige Praxis«, und wer nichts zur Lösung beizutragen habe, wird schon aus Anstand schweigen (vgl. »Bulletin« 18.2.1961).

Wie tönern die Füße dieses Systems sind, wie ungesichert die Hegemonie der Stärkeren ohne Gefährdung des Ganzen wurde schlagartig deutlich, als in einem kleinen Land wie Belgien die Stimme des »einzelnen Staatsbürgers« seine Regierung stürzte und das Gespenst einer NATO-feindlichen neuen belgischen Politik die Schlagzeilen diktierte. Diesen Unsicherheitsfaktor zu bannen, weiß man schon jetzt den Trick durch platonische Weisheit. Regierungsvertreter nämlich sollen in Zukunft im Rahmen der NATO ersetzt werden durch »Sachverständige«, »mögen sie auch noch im Gewande des Regierungsdelegierten erscheinen«; das »Monopol der Regierungsvertreter« sei zu brechen, sprich also: das Monopol des Staatsbürgers. Die Attrappe steht, der Staatsstreich gegen die Souveränität des Volkes bei Aufrechterhaltung einer ohnmächtigen Staatssouveränität gelingt zugunsten des Diktats sachverständiger Militärberater.

Unter deutscher Führung? Ja! »Die Führung der Hauptmächte ist ständige Praxis« und wer ist Hauptmacht im militärischen Bündnis? Wer die stärkste Armee, die meisten Luftwaffengeschwader, die größten Marineeinheiten, die umfangreichste Rüstungsproduktion, die territorial wichtigste Lage, die militärisch besten Kader ins Bündnis einbringt. Kurz: Hauptmacht unter den kontinentalen NATO-Partnern ist die Deutsche Bundesrepublik, Deutschland diesseits des Eisernen Vorhangs, wir – und die Wiederholung geschieht nicht ohne Bitternis – die wir keine Reisenden ohne Gepäck sind.

Die notstandsgesetzmäßige Gleichschaltung westeuropäischer Dimension erfordert aber nicht nur die Aufgabe eigenen außenpolitischen Handelns der Länder zugunsten der Weisheit militärischer Sachberater, sie erfordert – siehe Belgien – auch den atlantischen Gleichschritt der Völker, denn ganz gegen seinen Willen und Widerstand, ganz ohne Vorbe-

reitung und Einführung ist ein Volk noch nie übertölpelt
worden. Das Notstandsgesetz ist vorerst gescheitert. Seine
Vorlage nach den Wahlen muß jedoch als sicher angenom-
men werden. Strauß aber hatte augenscheinlich nicht die
Geduld eines Wartens auf Schröder. Er legte den »Plan eines
nationalen Leitungsstabes« vor, um »den Notstandskarren
wieder flottzumachen«, wie das Organ der Bundeswehr
›Wehrkunde‹ liebevoll erläutert (März 1961, Seite 154), seinem Inhalt nach aber mehr noch, um auch alle zivilen Bereiche des Lebens, Denkens und Handelns einem militärischen
Führungsgremium unterzuordnen. – Wo das Rasseln der
Säbel nicht ausreicht, rasselt Strauß auch mit Ketten. –

Usurpation der deutschen Demokratie unter Strauß' Kanzlerschaft? Allerdings. Oder gibt es einen zweiten Minister in
Bonn, dem zugemutet werden kann, die Brutalität dieses
Programms mit vergleichbar expansiver Dynamik und revolutionärer Kraft durchzuführen und weiterzutreiben? Die
Inkarnation des deutschen Militarismus hat in ihm eine
Gestalt gewonnen, die Bewunderung verdient wie die Härte
spanischen Stierkampfs, wie das Toben des auf Rot rasend
reagierenden Stiers – Strauß hätte sie verdient, wäre er so
stark wie er auftritt, so fähig im Zuschlagen, wie sein Vater im
ehrenwerten Handwerk. Aber weder die Berufung des Chef-
theoretikers der Verbrannten Erde im Osten Europas zum
Generalinspekteur der Bundeswehr noch die Beteuerung, die
Vereinigten Staaten müßten an der Elbe von deutschen
Armeen mit Atomwaffen »geschützt« und »verteidigt« werden (vgl. »Bulletin«, 10. und 11. 3. 61), konnten und können die USA über die Gefährlichkeit des Partners hinweg-
täuschen, erhellen solche Beschwörungen doch erst die
Größe des Anspruchs, den Wahnwitz des Plans. Nicht zuletzt deshalb sind Umdispositionen der amerikanischen
Verteidigungspolitik im Gange, nicht zuletzt deshalb fiel
bei der Neuerörterung der amerikanischen NATO-Politik
im Blick auf Bonn der Satz: »Wir können es uns nicht ge-
statten, unseren Alliierten zu erlauben, uns in einen Atom-
krieg hineinzureiten« (Arnolf Wolters, Chef des »Washington Center of Foreign Police Research«). Es träfe die
deutsche Konzeption in ihrem Lebensnerv, entscheidet Washington wie geplant. Harmloser aber würden dadurch die

kleinstädtischen Großraumplaner nicht. Nur wäre es freilich eine Hoffnung.

*Fassen wir zusammen*:

1. Hauptziel der deutschen Verteidigungspolitik ist die Homogenisierung Westeuropas hinsichtlich Wirtschaft, Technik, Politik, Wissenschaft und Gesetzgebung im Magnetfeld der NATO unter deutscher Führung bei Ausschaltung parlamentarischer, ja sogar regierungsamtlicher Mitbestimmung.

2. Der Zeitraum dieser Planung dauert von jetzt bis zum Zusammenbruch des eigentlichen Partners, ist also unbeschränkt bemessen und mag einen Schätzwert von 1000 Jahren vertragen.

3. Diese Periode erfordert die Ausrichtung allen Lebensstils, aller Werte, aller Weltanschauung auf ein »atlantisches Bewußtsein«, das seine gesamte Abzweckung im Ausbau eines Militärbündnisses mit tausendjährigen Ambitionen hat.

Es bleibt hinzuzufügen: die Wegbereiter dieser Entwicklung sind die einzige Macht Europas, die – wie der polnische Außenminister Rapacki kürzlich in Wien unwidersprochen bemerken konnte – *Gebietsansprüche* stellt, wobei es gleichgültig ist, mit welchen Mitteln sie diese Ansprüche zu realisieren gedenkt. Sie ist darüber hinaus die einzige Macht in Europa, die noch *nie Vorschläge für eine Abrüstung* in begrenztem oder weltweitem Maßstab oder für eine Politik der Entspannung gemacht hat. Es ist die Deutsche Bundesrepublik, die neben den sogenannten Verteidigungsausgaben als nächsthöchsten Posten in ihrem Haushalt Kriegsfolgelasten zu tragen hat.

Quo usque tandem abutere – Herr Strauß – patientia nostra – et mundi?

Nr. 6, 1961

MC 70: nach dem Aktenzeichen benanntes Dokument der NATO von 1957. Es sah u.a. vor, die Bundeswehr mit Abschußgeräten für Nuklearwaffen auszurüsten. Die atomaren Sprengköpfe sollten unter amerikanischem Verschluß bleiben.

*EFTA:* European Free Trade Association; handelspolitischer Zusammenschluß von Staaten, die nicht der EWG angehörten.

Mit *Cheftheoretiker der Verbrannten Erde* war Friedrich Foertsch gemeint, ein aktiver Nazi und Generalstabschef der Wehrmacht, der an der Zerstörung von Leningrad und zahlreichen anderen Städten und Dörfern beteiligt war. Später Generalleutnant der Bundeswehr und von 1961 bis 1964 ihr Generalinspekteur. Er galt als einer der loyalsten Mitarbeiter des Verteidigungsministers Strauß.

# Hitler in euch

Der Versuch, zwölf Jahre deutscher Geschichte zum Tabu zu machen, ist mißlungen. Von Heusinger bis Foertsch, von Oberländer bis Globke, von Heyde/Sawade bis Eichmann hat es sich erwiesen, daß im Deutschland von 1961 nicht ungeachtet von Stalingrad und Oradour, von Auschwitz und Buchenwald gelebt werden kann.

Mitten in diesen Fronten zwischen Geschichte und Politik, Klägern, Angeklagten und Beklagten steht die junge Generation. Unbeteiligt an den Verbrechen des Dritten Reiches, ebenso wie an den Weichenstellungen der Nachkriegszeit, ist sie hineingewachsen in die Auseinandersetzungen der Gegenwart, ist sie in die Verantwortung dessen geraten, was sie nicht verschuldet hat. Die Erkenntnis ihrer Unschuld aber darf für die einen kein Vorwand sein, der jungen Generation das Mitspracherecht in Sachen Vergangenheit streitig zu machen, ist für sie selbst kein Freispruch von den Aufgaben der Gegenwart.

Der Studentenschaft kommt in diesem Bezug ein Primat zu. Wie keiner anderen Bevölkerungsgruppe sind ihr Quellen und Tatsachen zugänglich, darüber hinaus wird sie selbst in wenigen Jahren in Universität, Schule und Staat maßgeblich an der Durchführung dessen beteiligt sein, was sie heute fordert.

Anläßlich des Eichmann-Prozesses hat Dieter Bielenstein, der Pressereferent des Verbandes Deutscher Studentenschaften im ›Deutschen Studentenpressedienst‹ eine spezifische Antwort der Jüngeren versucht, die wir für unzureichend, jedoch so bemerkenswert halten, daß wir sie hier ungekürzt zitieren wollen, um dann noch einiges hinzuzufügen:

»Mit dem Prozeß gegen Adolf Eichmann steht das Unrecht in unserer Geschichte wieder riesengroß in der Gegenwart vor uns. Wenn wir das richtig begreifen, werden wir nicht sagen können, diese und jene wären die Mörder, wir hätten es nur geduldet. Die Älteren werden sich erinnern müssen, daß an den Hausecken die Nazi-Plakate ›Juda verrecke!‹ hingen und daß sie trotzdem oder oft deswegen Hitler wählten. Dann verschwanden nachts und im Morgengrauen die jüdischen Nachbarn und Freunde – wir schwiegen, waren zu feige, zu fragen ›wohin?‹, oder es war uns auch recht so. Der Eichmann-Prozeß spielt mitten unter uns, auch wenn er in Jerusalem geführt wird. Betroffen sind wir alle, doch mancher – auch von Rang und Namen – wird vielleicht genannt werden als Schuldiger oder Mitwisser der Verbrechen an verantwortlicher Stelle. Wir werden dann den Stab über ihn brechen müssen, auch wenn er die Verbrechen steuern oder das Leid lindern wollte. Vor sich selbst mag mancher Verantwortliche von damals gerechtfertigt dastehen, weil er auch noch im Üblen das Bessere erreichen wollte. Doch Amt und Würde müssen ihm jetzt verschlossen bleiben, denn in unserer Demokratie wirkt schon die schuldig-unschuldige Teilnahme an den Verbrechen der Nationalsozialisten wie Gift, nämlich als Rechtfertigung für die Unverbesserlichen, die sich oft schon wieder zu weit vorwagen.

Die Studentenschaft der Weimarer Zeit war militant antisemitisch, noch ehe die Nationalsozialisten von sich reden machten. 1926 entschied sich die Deutsche Studentenschaft in einer Urabstimmung für ›Rassenmerkmale‹ als Kriterium ihrer Mitgliedschaft und schloß die jüdischen Studenten damit aus. Die Haßorgien der Bücherverbrennungen nach der ›Machtergreifung‹ wurden überwiegend von Studenten getragen. Und dann erhoben sie sogar die Forderung, daß jüdische Akademiker für Veröffentlichungen nicht mehr die deutsche, sondern nur noch die hebräische oder eine andere fremde Sprache verwenden dürften. Die Amtsenthebung jüdischer Dozenten folgte bald nach, die Studentenschaft applaudierte oder schwieg. Thomas Mann wurde von der Bonner Universität die Ehrendoktorwürde aberkannt, die braunen Uniformen beherrschten das Feld. Und es darf auch nicht verschwiegen werden, daß diese antisemitische Haltung, Haß und Verleumdung 1920 begannen und daß die traditionellen studentischen Verbindungen von da an, vor allem im ›Hochschulring Deutscher Art‹ als Zusammenschluß, diesen Ungeist hervorriefen und schürten.

Die Studenten von damals sind unsere heutigen Hochschullehrer, unsere Rechtsanwälte, Lehrer, Journalisten, Verwaltungsbeamten, unsere Alten Herren in den Verbindungen und unsere Eltern. Eine solche Feststellung soll keine haltlose Verdächtigung oder ein Aufruf zur Bespitzelung der Vergangenheit des einzelnen sein. Sie ist aber ein Hinweis darauf, daß wir zu diesem Problemkreis nicht schweigen können, daß wir als Studenten eine Position beziehen und die Vergangenheit nicht ruhen lassen wollen und daß wir von den Älteren eine Antwort erwarten.

Wenn das Schweigen an den Hochschulen ein Festhalten am Ungeist und wenn Äußerungen eine Dokumentation des Unbelehrbaren sind, werden wir nicht anstehen zu sagen, daß unsere Hochschulen keinen Platz haben für akademische Lehrer oder studentische Gemeinschaften, die die Konsequenzen aus der deutschen Katastrophe nicht zu ziehen vermögen.

Im November 1957 und im Oktober 1959 versuchte der Verband Deutscher Studentenschaften in zwei deutsch-israelischen Gesprächen die Wissensvermittlung und Kenntnis jüdischer Geschichte in den verschiedenen Bereichen der Bildung und Publizistik darzustellen. Im Juni 1960 veranstaltete er eine pädagogische Fachkonferenz mit dem Thema »Erziehungswesen und Judentum«, ein Buch mit dem gleichen Titel gab er kurz danach heraus. Seit drei Jahren reisen in jedem Sommer Dutzende deutscher Studenten nach Israel zu Arbeitslagern in Kibuzzim. An 10 unserer Hochschulen bestehen deutsch-israelische Studiengruppen, denen viele der rund 130 bei uns studierenden Israelis angehören. Der Vorsitzende des israelischen Studentenverbandes in Jerusalem folgte noch im vorigen Herbst einer Einladung nach Bonn. Mit all dem können auch wir Jüngeren keinen ›neuen Anfang‹ setzen, denn wir wollen und dürfen die letzten Jahrzehnte unserer Geschichte nicht aus unserem Gedächtnis löschen. Aber wir suchen damit einen neuen und besseren Weg in die Zukunft unseres Volkes.

Diese Bemühungen werden nicht aufgezählt, um ein Alibi zu schaffen. Es ist beunruhigend genug, daß der Bund Nationaler Studenten – nun verboten – rechtsradikale und auch antisemitische Tendenzen zeigte. Auch manche andere studentische Gemeinschaft schweigt über ihre Haltung in der Weimarer Zeit, obgleich sie Grund hätte, auch öffentlich Stellung zu nehmen. Noch immer fehlt an unseren Hochschulen ein nennbares Institut zur Erforschung des Judentums und der jüdischen Geschichte. Die Vorlesungen an den Hochschulen und die Lehrbücher für den Schulunterricht lassen in dieser Hinsicht vieles zu wünschen übrig.

So bleibt es Aufgabe der Studentenschaft, wachsam, mahnend und selbsttätig dafür zu sorgen, daß die Akademiker ihre politische Pflicht im Volkskörper zu erfüllen lernen.«

Soweit, so gut.

Aber Bielenstein beschränkt sich auf die Kritik an den sogenannten »Alten Nazis« und auf die Bemühungen der deutschen Studentenschaft um ein gutes Verhältnis zum Staat Israel. Wer aber von den »Alten Nazis« spricht, sollte auch den zweiten Schritt wagen: Die Erkenntnis und Kritik ebenso alter politischer Konzeptionen an maßgeblicher Stelle, und wer den Antisemitismus geißelt, muß der Freiheit, wo sie heute bedroht ist, das Wort reden. Eine Revision des Antisemitismus kann sich nicht in Studienfahrten nach Israel erschöpfen, ist als Prosemitismus nur eine halbe Antwort, erfordert vielmehr die Absage an *jeden* politischen Terror vermittelst administrativer Maßnahmen gegen Andersdenkende, Andersglaubende und Andersfühlende. Die Antwort auf die Konzentrationslager liegt nicht in ihrer Abschaffung, sondern liegt in der totalen Gewährleistung politischer Freiheit für politische Gegner; die Antwort auf den Polenfeldzug liegt nicht in der Ablehnung diplomatischer Beziehungen zur Regierung in Warschau, der Überfall auf die Sowjetunion findet keine Revision in der Berufung eines Herrn Foertsch, der Einmarsch in Frankreich nicht in Bundeswehrmanövern in Mourmelon, das Verbot des Deutschen Gewerkschaftsbundes nicht in einem Notstandsgesetz, der Ausschluß jüdischer Studenten von den Universitäten im Jahre 1933 nicht in Polizeiaktionen gegen farbige Studenten im Jahre 1961.

Der Widerstand gegen den Nationalsozialismus kann nicht durch antifaschistische Sandkastenspiele nachgeholt werden, weder für die nachgewachsene Generation noch für die Älteren. Die Antwort auf den Nationalsozialismus in seiner Totalität muß innen- und außenpolitisch gefunden werden, für heute und morgen; sie heißt: Freiheit für den politischen Gegner, Gewaltenteilung und Volkssouveränität, sie heißt: Versöhnung mit dem Gegner von damals, Koexistenz statt Krieg, verhandeln statt rusten.

Wie wir unsere Eltern nach Hitler fragen, so werden wir eines Tages nach Herrn Strauß gefragt werden.

Nr. 10, 1961

Dem Artikel folgte eine Beleidigungsklage des Bundesverteidigungsministers Strauß. Die Anklageschrift, die im März 1962 zugestellt wurde, beschuldigte Ulrike Marie Meinhof, »durch Verbreitung von Druckschriften den Bundesminister für Verteidigung beleidigt zu haben«. Der Prozeß kam jedoch nicht zustande, da das Hamburger Gericht der Angeklagten nicht nur zubilligte, »berechtigte Interessen« wahrgenommen zu haben, sondern auch nachwies, daß die Klage selbst haltlos war. Im Februar 1963 schrieb Ulrike Meinhof in einem »Epilog« zu dem angestrengten Prozeß: »Da es uns nicht um die Person ›Strauß‹ ging, bleiben wir dabei: So wie wir unsere Eltern nach Hitler fragen, werden wir eines Tages nach den Herren Adenauer, Schröder, Höcherl, von Hassel gefragt werden.«

*Adolf Heusinger* war von 1931 bis 1944 im Generalstab, ab 1957 Generalinspekteur der Bundeswehr, von 1961 bis 1964 Vorsitzender im Ständigen Militärausschuß der nato.

*Theodor Oberländer* mußte als Vertriebenen-Minister 1960 zurücktreten, da durch eine Verurteilung in Abwesenheit in der ddr seine nationalsozialistische Vergangenheit bekanntgeworden war.

*Werner Heyde,* der maßgeblich an der Durchführung des NS-»Euthanasie«-Programms beteiligt war und sich den Nürnberger Prozessen durch Flucht entzogen hatte, war seit 1949 in seinem alten Beruf als Psychiater unter dem Namen *Dr. Fritz Sawade* Obergutachter beim Landessozialgericht Schleswig. Nach seiner Verhaftung 1959 wurde er des Mordes an über 100 000 Menschen angeklagt. Es stellte sich heraus, daß mehrere prominente Richter und Ärzte jahrelang von der wahren Identität Sawades gewußt hatten.

*Polizeiaktionen gegen farbige Studenten* hatten u. a. in Bonn und Frankfurt stattgefunden. Mehrere afrikanische Studenten waren bei Demonstrationen gegen die Ermordung Lumumbas, des ersten kongolesischen Ministerpräsidenten nach der Unabhängigkeit, verletzt worden.

# Warum eigentlich Friedensvertrag?

Nun ist das Dilemma perfekt. Die Sowjetunion, neben den Vereinigten Staaten das mächtigste Land der Erde, hat die Initiative für eine Lösung der Deutschlandfrage ergriffen und hat mitgeteilt, daß sie eine Änderung des Status quo in absehbarer Zeit, vermutlich noch in diesem Jahr, durchsetzen wird. Sie hat mitgeteilt, daß sie einen Friedensvertrag abschließen wird, mit ganz Deutschland oder nur mit der DDR, gemeinsam mit den USA und den westlichen Alliierten des Zweiten Weltkrieges oder allein.

Tatsachen, bittere Tatsachen, wie es scheint, aber unabänderliche; es ist der Wille der Sowjetunion und nur Phantasten halten diesen Willen für schwach, nur Schwärmer für phrasenhaft.

Da steht nun Bonn mit seinen zwei Kategorien von Politik, in denen für Deutschland kein Platz ist, mit seinem Positivum, der »deutschen Europapolitik« und seinem Negativum, das seit je alternativlos bekämpft wird, der »sowjetischen Deutschlandpolitik«. Da steht es, mit seiner NATO und EWG, seinen Atomwaffen und seiner Armee, mit seiner Hallstein-Doktrin und seinem Reisegesetz und nur mit einem nicht, mit einer deutschen Deutschlandpolitik.

Und deshalb soll allem zuvor von der Schande die Rede sein, in die uns dieses Bonn geleitet hat, und von den Scherben, vor denen Deutschland steht, heute, hic et nunc, angesichts des sowjetischen Memorandums.

Warum Schande? Weil die Initiative zur Lösung der deutschen Frage nun gänzlich ans Ausland übergegangen ist, weil die Hauptaufgabe jeder deutschen Politik, das Mandat, das auch die Wähler der CDU bei der Abgabe ihrer Stimme drei Mal dieser Partei gegeben haben, die deutsche Einheit wieder herzustellen, nicht eingelöst wurde, statt dessen sabotiert, blockiert und verhindert. Wo gibt es eine Regierung, der es zur Ehre gereicht, die Probleme des eigenen Landes nicht gelöst zu haben? Gewiß, die USA loben ihre Satellitenregierungen in Haiti, Kolumbien und Guatemala, die Brasilianer aber schätzen Quadros mehr als Kubitschek und die Kubaner schätzen Castro höher als Batista.

Man soll nicht erzählen, die DDR habe Schuld am Versagen der Bundesregierung. Sitzt Ulbricht in Bonn? Ist Ulbricht der Kanzler der Bundesrepublik? Nein – aber an Ulbricht sei die Bonner Konzeption gescheitert. Welche Konzeption? Die NATO? Die Bundesrepublik ist doch ihr Mitglied! Die EWG? Da klappt doch alles! Wir sprechen von der Wiedervereinigung, und diese Wiedervereinigung ist nicht an Ulbricht gescheitert. Weil Ulbricht unserer Meinung nach ein guter Demokrat wäre? Nein. Weil man mit ihm harmlos und reibungslos verhandeln könnte? Nein. Weil er es gut mit uns meint? Nein. Sondern weil es überhaupt nichts gab, was an ihm hätte scheitern können, kein Angebot, keine Bedingung, keinen Plan, keine Konzeption, keinen guten Willen. Nichts. Es gab nur den Zweifrontenkrieg: Europa kontra Deutschland, Westintegration kontra deutsche Einheit, und schließlich: Atomwaffen kontra DDR.

Die Bundestagsabgeordneten Dehler und Heinemann haben noch vor drei Jahren dem Deutschen Bundestag jene Abrechnung vorgelegt, die das Versagen der Bundesregierung in Sachen deutscher Einheit unter Beweis stellte. Dort soll hier noch einmal angeknüpft werden.

In der sowjetischen Note vom 10. März 1952 bot Stalin einen Friedensvertrag mit Deutschland auf folgender Grundlage an:

- Freie gesamtdeutsche Wahlen unter Viermächtekontrolle.
- Garantie der Menschenrechte und Grundfreiheiten für alle unter deutscher Rechtsprechung stehenden Personen ohne Unterschied der Rasse, des Geschlechts, der Sprache oder der Religion, einschließlich Redefreiheit, Pressefreiheit, das Recht der freien Religionsausübung, der Freiheit der politischen Überzeugung und der Versammlungsfreiheit.
- Gewährung der gleichen bürgerlichen und politischen Rechte aller Bürger, für alle ehemaligen Angehörigen der deutschen Armee, einschließlich der Offiziere und Generale, für alle ehemaligen Nazis mit Ausnahme derer, die nach Gerichtsurteil eine Strafe für die von ihnen begangenen Verbrechen verbüßen.
- Verpflichtung Deutschlands, keinerlei Koalition – oder Militärbündnisse einzugehen, die sich gegen irgendeinen

Staat richten, der mit seinen Streitkräften am Krieg gegen Deutschland teilgenommen hat.

Die Bundesregierung und ihre westlichen Verbündeten lehnten diesen Vorschlag ab. Ein wiedervereinigtes Deutschland müsse sich vorbehalten können, nach eigenem Ermessen »Verteidigungsbündnisse« abzuschließen. »Zuerst freie Wahlen!« wurde die Gegenthese. »Zuerst«, ehe entschieden ist, ob Gesamtdeutschland sich einem westlichen Militärbündnis anschließen würde oder nicht. »Zuerst«, das hieß: bedingungslose Freigabe des sowjetischen Besatzungsgebietes, das hieß Friedensvertrag mit den USA und der Sowjetunion, letztlich im Interesse eines westlichen Militärbündnisses. Westintegration kontra deutsche Einheit, Europa kontra Deutschland ...

*1954 – Berliner Konferenz der vier Außenminister:*
Der sowjetische Außenminister W. A. Molotow legt erneut einen Friedensvertragsentwurf vor, der mit Stalins Entwurf vom 10. März 1952 nahezu identisch ist; zu den geringfügigen Veränderungen (»geringfügig« werden sie in der westlichen Antwort genannt) gehört, daß Deutschland von der Zahlung der staatlichen Nachkriegsschulden an die USA, Großbritannien, Frankreich und die UdSSR befreit werden solle.

Die Westmächte lehnten ab, und die Bundesregierung ließ auf allen Litfaßsäulen des Landes plakatieren: »Freie gesamtdeutsche Wahlen«; »Verfassunggebende Nationalversammlung«; »Gesamtdeutsche Regierung mit völliger Handlungsfreiheit«. – Handlungsfreiheit wozu? Für ein neutrales Gesamtdeutschland? Wohl kaum – Europa kontra Deutschland, Westintegration kontra deutsche Einheit ...

*Winter 1954/55 – Moskauer Ostblock-Konferenz:*
Die Regierungsvertreter der UdSSR, Polens, der Tschechoslowakei, Ungarns, Rumäniens, Bulgariens, Albaniens und der DDR bieten freie gesamtdeutsche Wahlen unter der Bedingung an, daß die Remilitarisierung der Bundesrepublik rückgängig gemacht wird.

Ein halbes Jahr später aber wird die Bundesrepublik durch Unterzeichnung der sogenannten Pariser Verträge Mitglied der NATO und wird von allen NATO-Mächten als die einzige vertretungsberechtigte Regierung des deutschen Volkes anerkannt.

*1955 – Genfer Außenministerkonferenz:*
Der britische Premier-Minister Eden legt den nach ihm benannten Plan zur Herstellung der deutschen Einheit und zum Abschluß eines Friedensvertrages vor. Zwar fordert auch er »zuerst freie Wahlen«, schlägt dann aber die Schaffung einer militärisch verdünnten Zone in Europa vor, womit der sowjetischen Forderung durchaus entgegengekommen wäre. Dieser Plan verschwand auf Grund einer Intervention des deutschen Bundeskanzlers – wie Dehler mitgeteilt hat – vom Verhandlungstisch.

Damit war die Phase der Erörterung freier Wahlen in Gesamtdeutschland abgeschlossen. Damit war das Thema Wiedervereinigung von der Tagesordnung internationaler Politik beseitigt und verschwunden. Die Sowjetunion stellte sich von nun an auf den Standpunkt, daß die Wiedervereinigung Sache der beiden deutschen Teilstaaten sei und war von nun an nur noch bereit, über den Abschluß eines deutschen Friedensvertrages zu verhandeln. Was vor dem verkoppelt und eine Einheit war, nämlich Wiederherstellung der deutschen Einheit und Abschluß eines Friedensvertrages, brach auseinander.

Warum diese Trennung? Weil die Bundesrepublik und die DDR bei der progressiven Integration in das westliche und östliche Bündnissystem innerhalb dieser Systeme – nach Meinung der Sowjetunion – zu souveränen Staaten wurden, ihrem Rechtsstatus nach selbständige und unabhängig handelnde Regierungen haben und den territorialen politischen Gegebenheiten gemäß als eigene Staatswesen angesehen werden. Ob Adenauer der Kanzler der Alliierten oder Ulbricht der Türhüter Chruschtschows ist, spielt dabei keine Rolle. In dem Maße, in dem Westdeutschland und Ostdeutschland den Charakter der Besatzungszone verloren, den Charakter souveräner Staaten im Verhältnis zu ihren jeweiligen

Bündnispartnern und Großmächten gewannen, in dem Maße schwand – nach Meinung der Sowjetunion – der Zwang der Viermächteverantwortung für die Wiederherstellung der deutschen Einheit. Die normative Kraft des Faktischen hat die Bindung an das Potsdamer Abkommen zu einer Sache der politischen Willkür gemacht, die so oder so entschieden werden kann, die auf der einen oder auf der anderen Seite Argumente für und gegen sich hat. Und eine Tatsache ist es, daß Wiedervereinigung und Friedensvertrag heute nicht mehr als Einheit behandelt werden, eine Tatsache ist es, daß die Sowjetunion den Friedensvertrag, nicht aber die deutsche Einheit fordert und betreibt.

Stellt sich die Frage, ob es einer deutschen Initiative heute noch gelingen könnte, die Friedensvertragsverhandlungen zu Annäherungs-Verhandlungen auch in Sachen deutscher Einheit umzuwandeln. Dazu freilich würde gehören, den Mythos, der diesen Begriff umgibt, abzuschütteln, auf Bekenntnisse, Beschwörungen und billige Zurückweisungen zu verzichten, statt dessen nüchtern die Frage zu stellen:Warum eigentlich Friedensvertrag? Denn zu Verhandlungen über einen Friedensvertrag müßte die Bundesregierung bereit sein, will sie diese Verhandlungen zum Nutzen der deutschen Einheit wahrnehmen.

Kriege wollen beendet werden. Durch einen Waffenstillstand zuerst und dann – in zweiter Linie – ist zur Regelung der zukünftigen Beziehungen zwischen den kriegführenden Mächten – wie der Völkerrechtler Schwarzenberger bemerkt – »die weitaus geläufigste Form der Wiederherstellung des Friedenszustandes der Abschluß eines Friedensvertrages. Er ermöglicht es den Kriegführenden, unzweideutig zu bestimmen, ob sie ihre zukünftigen Beziehungen unter Zugrundelegung der bei Beendigung der Feindseligkeiten (Status quo post bellum) oder vor Kriegsausbruch (Status quo ante bellum) bestehenden Verhältnisse regeln wollen.«

Will die Bundesregierung behaupten, es gäbe zwischen ihr und der Sowjetunion keine durch den Zweiten Weltkrieg bedingten Streitpunkte? Und wie ist es mit Berlin? Wie ist es mit der polnischen Westgrenze? Wäre nicht ohne diesen Krieg Danzig und Schlesien noch deutsch und Berlin die Reichshauptstadt? Ein besiegtes Land, das sich weigert, über

Tatsachen und Streitpunkte zu verhandeln, die durch den von ihm geführten Krieg geschaffen wurden, setzt sich dem Verdacht aus, diese Tatsachen mit den gleichen Mitteln wieder rückgängig machen zu wollen. In welchem anderen Verfahren aber soll über kriegsmäßig bedingte Streitfragen verhandelt werden, als in Friedensvertragsverhandlungen? In diese einzutreten gäbe der Bundesregierung die Chance, ihre eigenen Vorstellungen und die Vorstellungen des deutschen Volkes über den Inhalt eines Friedensvertrages vorzulegen, es wäre die Chance, der deutschen Stimme in den internationalen Verhandlungen Gewicht zu geben.

Alle anderen Möglichkeiten wurden verspielt; noch der Deutschlandplan der SPD wäre eine Verhandlungsgrundlage gewesen und wäre es wohl auch heute noch. Annäherung beider deutscher Staaten plus Friedensvertrag wäre noch heute möglich. Aber es müßte endlich gehandelt werden, sonst wären die Reden von Heinemann und Dehler endgültig Leichenreden und die Wiederherstellung der deutschen Einheit der Traum von Toren und Phantasten. Soll das denn ewig so bleiben: Europa kontra Deutschland, Westintegration kontra deutsche Einheit und schließlich: Atomwaffen kontra DDR?

Nr. 13, 1961

*Hallstein-Doktrin*: informelle, nie schriftlich fixierte politische Maxime seit 1955; ihrzufolge drohte die Bundesregierung jedem Land mit dem Abbruch der diplomatischen Beziehungen, das mit der DDR offizielle Beziehungen aufnahm.

*Janio Quadros* wurde 1961 Nachfolger von Kubitschek im Amt des brasilianischen Staatspräsidenten. Er bemühte sich um freundschaftliche Beziehungen zur Sowjetunion.

*Juscelino Kubitschek*: Präsident Brasiliens von 1956 bis 1960, der das Land in eine tiefe Wirtschaftskrise führte.

# Gegen wen?

## Wider ein deutsches Notstandsgesetz

Mit dem Notstandsgesetz wird das Grundgesetz geknackt, wie schlimm oder harmlos, wie christ- oder sozialdemokratisch auch immer. Aber alternativ zum Notstandsgesetz gäbe es nur noch den Staatsstreich, der Regierung, versteht sich, zur Bewältigung des Notstands, wenn er eingetreten ist – wird von sozialdemokratischer Seite erklärt. Diese Behauptung hängt damoklesschwertig über der Diskussion zum Notstandsgesetz, droht ein Ja auch dort zu erpressen, wo Nein gedacht und gefühlt wird.

Die Stimmen im Parteivorstand der SPD, die noch vor zwei Jahren ein Notstandsgesetz für überflüssig hielten, wie der Bundestagsabgeordnete und vormalige Vorsitzende des Ausschusses »Kampf dem Atomtod« Walter Menzel, sind verstummt, und die Gegner jeglicher Notstandsgesetzgebung innerhalb der SPD, wie der Marburger Professor Wolfgang Abendroth, sind ausgeschlossen.

Das kennzeichnet den Stand der Gespräche: Trotz stärkster Widerstände gegen ein Notstandsgesetz in den Gewerkschaften, man erinnere sich nur der Beschlüsse der IG-Metall in Berlin 1961 und des DGB-Jugendkongresses am gleichen Ort im April dieses Jahres, ist der gesamte Bundestag über die Notwendigkeit eines solchen Gesetzes einig. Schon heute – heißt das – repräsentiert der Bundestag in Mehr- und Minderheit nicht mehr die Meinungen der Öffentlichkeit; der Rechtsruck der SPD seit Godesberg hat die Linke nicht aufgerieben, sie aber aus dem Parlament – zugunsten einer vollkommenen Konformität desselben – verdrängt.

In der Alternative: Staatsstreich oder Notstandsgesetz aber ist die ganze Diskussion über die geplante Grundgesetzänderung in einen Engpaß geraten, an dessen Ende auf jeden Fall die Demokratie nach Herrenchiemseer Muster[1] eingeklemmt wird und abstirbt. Präziser: Die Verbannung einer dritten Möglichkeit für die Sicherung der Demokratie aus der parlamentarischen Diskussion, der legalen und uneingeschränkt demokratischen, enthält die Prämisse, daß die Fortsetzung

49

der bisherigen deutschen Außen- und Innenpolitik – wie sie von CDU, FDP und SPD betrieben wird – nicht innerhalb der Normen des Grundgesetzes möglich ist; vielmehr ist zwingend eingetreten, was die Gegner der deutschen Atomrüstung schon 1958, als der Bundestag die Ausrüstung der Bundeswehr mit Atomwaffen beschloß, voraussagten: Atomare Aufrüstung und Demokratie sind unvereinbar (wobei »Atomrüstung« materiell und formal für CDU-Politik seit 13 Jahren steht und »Demokratie« materiell und formal das Grundgesetz meint).

Das Grundgesetz, das keine Ausnahmerechte für die Exekutive im Falle eines Notstandes einräumt, das Pressefreiheit, Meinungsfreiheit, Streikrecht und Freiheit der Kunst und Wissenschaft, Versammlungsfreiheit, Vereinigungsfreiheit, Brief-, Post- und Fernmeldegeheimnis, das jene Artikel, die die Rechtsgrundlage westlicher Freiheit gerade in Unterscheidung zu allen totalitären Regimen ausmachen, niemals aufgehoben haben will, hat dennoch für exzeptionelle Situationen Vorsorge getroffen. Das Jahr der Währungsreform und Berliner Blockade, als das Grundgesetz entstand, war durchaus nicht ein Jahr politischer Naivität und Illusionen.

Es hat Vorsorge getroffen für den Kriegsfall (Äußerer Notstand), für Aufstand und Unruhe im Innern (Innerer Notstand) und für den Fall der Funktionsunfähigkeit einer demokratischen Institution (Gesetzgebungs- und Verfassungsnotstand). Artikel 80 GG sieht vor, daß durch Gesetz die Bundesregierung, ein Bundesminister oder die Landesregierungen ermächtigt werden können, Rechtsverordnungen zu erlassen; Artikel 59a (in seiner Formulierung seit Verabschiedung der Wehrgesetze im März 1956) regelt die Feststellung des Verteidigungsfalles; Artikel 65a (gleichfalls im März 1956 beschlossen) bestimmt die Kommandogewalt über die Streitkräfte in Normalzeiten und nach Verkündung des Verteidigungsfalles.

Dem Inneren Notstand vorbeugend verbietet das Grundgesetz »Vereinigungen, ... die sich gegen die verfassungsmäßige Ordnung oder gegen den Gedanken der Völkerverständigung richten« (Artikel 9 Absatz 2), es erklärt »Parteien, die nach ihren Zielen oder nach dem Verhalten ihrer Anhänger darauf ausgehen, die freiheitliche demokratische Grundordnung zu beeinträchtigen oder zu beseitigen oder den Bestand der Bundesrepublik Deutschland zu gefährden« für verfassungswidrig (Artikel 21 Absatz 2), und wer die Freiheiten des Grundgesetzes zum Kampf gegen die freiheitliche, demokratische Grundordnung mißbraucht, verwirkt diese Grundrechte (Artikel 18). Artikel 37 regelt den Bundeszwang gegen ein rebellisches Bundesland, und Artikel 91 erlaubt es der Bundesregierung, die Polizeistreitkräfte der Länder ihren Weisungen zu unterstellen.

Schließlich ist an den Gesetzgebungs- und Verfassungsnotstand in den Grundgesetzartikeln 81 und 67 gedacht.

Auf den »Totalen Krieg« freilich ist das Grundgesetz sowenig eingerichtet wie auf die Bekämpfung einer Bevölkerungsmehrheit durch eine Regierungsminderheit, ein Problem, für das Plebiszit, Neuwahlen und Regierungsrücktritt als geeignetere Mittel erscheinen, denn Polizei- und Bundeswehreinsatz. Der reine Verteidigungsfall schließt den »Totalen Krieg« aus, so wie die totale Demokratie die Aufhebung von Meinungsfreiheit, Pressefreiheit und Streikrecht ausschließt. Andernfalls kann das eine nicht länger Verteidigung genannt werden, das andere nicht mehr Demokratie. Nicht zufällig wurde das Grundgesetz antithetisch zu Krieg und Terror vorangegangener 12 Jahre entworfen, nicht zufällig schützt es Pazifismus und persönliche Freiheit, nicht zufällig bedurfte es zur deutschen Remilitarisierung einer Grundgesetzänderung ebenso wie jetzt zur Einschränkung irgendeiner Freiheit, für welchen Sonderfall auch immer.

Gegen welche Mehrheit aber braucht die Regierung der Bundesrepublik Sondervollmachten und welche Minderheit andererseits verfügt in der Bundesrepublik über so viel Machtmittel, um Staat und Demokratie in ihrem Bestand zu gefährden?

Wir haben politische Streiks in den letzten fünf Jahren erlebt, bei Henschel in Kassel und in der eisenschaffenden Industrie in Braunschweig. Damals wurde sogar nach dem Generalstreik gerufen. Das war 1958, als Karlsruhe eine Volksabstimmung verbot, als über 80% der bundesdeutschen Bevölkerung Nein sagten zum Beschluß des Bundestages, die Bundeswehr mit Atomwaffen auszurüsten, als Schröder – heute Außen-, damals Innenminister – vor der Polizeigewerkschaft in Stuttgart erstmalig Notstandsvollmachten für die Regierung forderte. Gegen wen? Gegen die 80 Prozent oder gegen die 20 Prozent, die eine Mehrheit im Bundestag hatten?

Vom Kapp-Putsch bis zum Jahr 1958 haben die Gewerkschaften immer und nie woanders als auf seiten der Republik gestanden, immer auf seiten der Freiheit, gegen Autorität und Totalitarismus. Ungeklärt ist sogar, was ein Generalstreik im Jahr 1933 vermocht hätte, als nichts mehr zu verlieren war und alles zu gewinnen.

Ohnmächtig ist eine demokratische Regierung gegen Aufrührer und Putschisten also nur dann, wenn diese einerseits minderheitlich und andererseits bewaffnet auftreten. Bewaffnete Minderheiten sind in der Bundesrepublik aber nur Polizei und Armee, sieht man von den Luftbüchsen einiger Schützenvereine ab und den Doppelläufen der Forstwirtschaft. Sollte dem Höcherl seine Polizei und dem Strauß seine Bundeswehr schon heute so entwachsen sein, daß sie Sondervollmachten gegen diese bedürfen? Ist ihnen die Generalsdenkschrift von 1959 – als einige Bundeswehrchefs glaubten, den gewählten Organen des Volkes politische Vorschriften machen zu müssen – so in die Knochen gefahren?

Auch alle nachträglichen Rechtfertigungsversuche des berühmt berüchtigten Artikel 48 der Weimarer Reichsverfassung, auf den jedermann hinweist, der für und der gegen ein Notstandsgesetz Argumente hat, übersehen meist, daß dieser Artikel versagt hat, in dem, wozu er geschaffen wurde. Nicht den Nationalsozialismus mit ermöglicht zu haben, war sein eigentlicher Schade, das lag nicht zuletzt an seiner unklaren Formulierung, daraus könnte heute vielleicht (vielleicht!) gelernt werden, sondern ihn nicht verhindert zu haben. Als mißbräuchlich erwies er sich, aber überhaupt nicht als nützlich.

Will man also aus Weimar und seiner Ablösung durch den Faschismus lernen, so bedarf es anderer Mittel zum Schutz der eigenen Demokratie als jener, die versagten. Begriffen sollte werden, daß Weimar schließlich am wenigsten wegen der Unzulänglichkeiten seiner Verfassung zugrunde ging und am meisten wegen seiner mangelhaften demokratischen *Praxis*. Unheilvoll war das Erbe des Kaiserreichs mit seinem alten Beamtenstab und Beamtenrecht, mit seiner Reichswehr und seinen soldatischen Traditionen, unheilvoll war der unbewältigte Erste Weltkrieg. Geputscht wurde von rechts, nicht von links, gestreikt *für* die Demokratie nicht gegen sie.

Und Bonn? Das in Sachen Demokratie empfindlichere westliche Ausland sieht in Strauß die Gefahr, im autoritär-patriarchalischen Bundeskanzler, in Gerhard Schröder, dem im Gottesgnadentum befangenen (wie der SPD-Abgeordnete Schäfer ihm vorwarf). Fernsehstreit, Antisemitismus, alte Nazis und abendländische Akademie sind nicht links angesiedelt, sondern rechts. Die Linke geht auf den Ostermarsch, ist antimilitaristisch, fingert Nazi-Richter aus braunem Dreck, fährt nach Dachau und Mauthausen, gedenkt des Jahrestages des Ermächtigungsgesetzes, ehrt die Geschwister Scholl, kämpft gegen Rüstung und Notstandsgesetz, kurz: verhält sich noch heute so republikanisch wie 1848, als sie den Rechtsstaat erkämpfte, den es heute noch gibt.

Aber den Beamtenstab hat die Bundesrepublik – nolens volens – vom Faschismus übernommen, die Bundeswehr Offizieren unterstellt, die nach Alter und Reife notwendigerweise unter Hitler marschiert sind, die Lehrerschaft behalten, die schon mit deutschem Gruß den Unterricht eröffnet hatte. Sie hat auch im Interesse ihres Wohlstandes jene Industriekonzerne wieder groß werden lassen, die Schlechteres schon als Christ-Demokraten unterstützt, sprich finanziert, hatten.

Nicht die Nase des Kanzlers und seiner Adepten mißfällt uns, sondern die Traditionen im Staat, die stark sind und die mit Ausnahmeartikeln schon zu viel Schindluder getrieben haben in Deutschland, zu viel ermöglicht anstatt verhindert.

Hier Restauration, dort konformisiertes Parlament – allzuschnell heißt da Schutz der Demokratie: Schutz des einen, alleinseligmachenden politischen Weges, Schutz vor alternativen Konzeptionen, unbotmäßigen Gewerkschaftlern, unerwünschten Demonstranten, unbequemen Geistern.

*Anmerkung*
[1] In Herrenchiemsee in Bayern tagte 1948 der Parlamentarische Rat und formulierte das Grundgesetz.

Nr. 5, 1962

In *Bad Godesberg* verabschiedete die SPD 1959 ein Programm, in dem sie auf jede weltanschauliche oder theoriengeschichtliche Festlegung

53

verzichtete, die Bedeutung des Wettbewerbs in der Wirtschaft betonte und die Landesverteidigung ohne Einschränkung bejahte.

Der *Kapp-Putsch* im März 1920, ein Versuch der Militärs und rechtsradikaler Politiker die Reichsregierung zu stürzen, scheiterte nach wenigen Tagen infolge eines von den Gewerkschaften ausgerufenen Generalstreiks.

Auf einem Gewerkschaftstag der IG-Metall in Nürnberg im *September 1958* hatte der Vorsitzende Otto Brenner erklärt, daß die Gewerkschaften entschlossen seien, auch den politischen Streik anzuwenden, »wenn es gelte, die Demokratie zu verteidigen«.

*Hermann Höcherl* (CSU), 1941 bis 1945 Staatsanwalt, dann Rechtsanwalt, ab 1950 wieder Staatsanwalt, ab 1953 im Bundestag, war von 1961–1965 Bundesinnenminister.

Mit *Artikel 48 der Weimarer Reichsverfassung* wurde der Reichspräsident ermächtigt, Notverordnungen zu erlassen. Der »Diktaturparagraph« erlaubte es, im Falle erheblicher Störung oder Gefährdung der »öffentlichen Sicherheit und Ordnung« die »nötigen Maßnahmen« zu treffen und mit Hilfe der Reichswehr einzuschreiten sowie die Grundrechte ganz oder teilweise aufzuheben.

# Auf Anhieb: Mord

*Einzelheiten zum Fall Fränkel*

## Gut – er ist weg

Gut – er ist weg. Die DDR hat ihn rausgeschossen. Als die Öffentlichkeit erfuhr, was er für einer ist, mußte er gehen. Gut.

Aber drei Monate lang hat er trotzdem amtiert, als höchster Anwalt des Staates, als einer jener obersten Beamten, die den Stil des Rechtsgebarens bestimmen, die das Gesicht des Staates, in dem wir leben, profilieren. Und seit 1951 schon war er in seiner Eigenschaft als Bundesanwalt mit der Leitung der Revisionsabteilung beauftragt und übernahm die kommissarische Leitung der Bundesanwaltschaft, als sein Vorgänger Güde zwecks Bundestagskandidatur den Posten freigab. Fränkel war nicht nur drei Monate lang ein hoher Beamter in bundesdeutschen Diensten. Er war es 11 Jahre lang, und was man ihm heute vorwirft, hat er schon damals in seinem Fragebogen unterschlagen.

Fränkel hatte während des Krieges im Reichsgericht sogenannte Nichtigkeitsbeschwerden zu bearbeiten. Freisler, durch die Prozesse des 20. Juli grausam bekannt geworden, zu der Zeit noch Staatssekretär im Reichsjustizministerium, hatte Fränkel im Oktober 1936 zur Reichsanwaltschaft abgeordnet.

Nichtigkeitsbeschwerden konnten seit Kriegsbeginn bei der Oberreichsanwaltschaft gegen alle Urteile der Amts-, Land- und vor allem Sondergerichte eingelegt werden. Diese wurden dort aufgehoben, vom Reichsgericht selbst entschieden oder zur erneuten Entscheidung zurückverwiesen. Nichtigkeitsbeschwerden konnten freilich auch als unbegründet abgewiesen werden.

Die Nichtigkeitsbeschwerde des Oberreichsanwalts hatte deshalb eine außerordentliche Bedeutung, weil in den Sondergerichtsverfahren die Einlegung eines Rechtsmittels nicht zulässig war, vielmehr jedes Urteil mit seiner Verkündung sofort rechtskräftig wurde.

Was wirft man Fränkel nun vor? Was hat er getan?

– Er hat gegen den 23jährigen, nicht vorbestraften Polen Stanislaw *Klepacz*, der durch das Sondergericht Magdeburg
wegen einfachen Fahrraddiebstahls zu fünf Jahren ver-
schärftem Straflager verurteilt worden war, das hieß: KZ,
Antrag auf Todesstrafe gestellt.

– Er hat gegen den polnischen Landarbeiter Josef *Fuczak*, der
vom Sondergericht Kiel wegen Erregung öffentlichen
Ärgernisses (Exhibitionismus) zu sechs Jahren verschärf-
tem Straflager verurteilt worden war, Antrag auf Todesstrafe gestellt.

– Er hat gegen den Polen Stanislaw *Dzwonkowski* die Todesstrafe beantragt, weil dieser gesagt hatte: Hitler habe seinem Volk ganz Europa versprochen, aber das wird er nie
erreichen. Die Engländer hätten keine Angst vor ihm; sie
können den Krieg 20 Jahre lang führen. Die Deutschen sei-
en schwach. Uns Polen ist es in Rußland besser gegangen
als jetzt in Deutschland. Ich werde nach meinem freien
Polen zurückkehren. – Er hat die Todesstrafe beantragt,
obwohl das zuständige Sondergericht sie nicht beantragt
hatte, sich noch beeindrucken ließ von der Zeugenaussage
des Bauern Hermann Weiß aus Schuby, Kreis Schleswig,
der Angeklagte sei »arbeitsam, anstellig und hilfsbereit
gewesen«, er habe keine deutschfeindliche Gesinnung an
den Tag gelegt, dem Bauern Weiß aber das Leben gerettet,
als dieser von einem Stier angegangen wurde. Dazu Fränkel: »Solchen Zersetzungsbestrebungen muß der Staat mit
unerbittlicher Härte entgegentreten!«

– Er wies den Revisionsantrag der wegen Postdiebstahls zum
Tode verurteilten Postfacharbeiterin Marie *Lange*, die zur
Zeit des Diebstahls hochschwanger ging, zurück. Die Angeklagte hatte die ihr zur Austragung übergebene Post an
zwei aufeinanderfolgenden Tagen insgesamt verschwinden
lassen. Das Bremer Sondergericht aber hatte es abgelehnt,
einen Sachverständigen hinzuzuziehen, der hätte feststellen können, ob die Tat als ein straffreies Schwangerschafts-
delikt anzusehen sei oder nicht. Der Verteidiger argumen-
tierte: Die Angeklagte sei noch ein besonders kindlich

wirkendes junges Mädchen, es habe nach der Urteilsverkündung ein Mädchen geboren, es gälte nunmehr auch zu bedenken, daß man dem – unehelichen – Kind durch die Hinrichtung auch noch die Mutter nähme, allein deshalb schon müsse der Frau das Leben gerettet werden.

Fränkel: »Ablehnen können wir m. E. die Nichtigkeitsbeschwerde nicht gut, bevor wir nicht die Akten haben. ... Daß die Akten hier erst nach der Vollstreckung eingehen werden, dürfte sicher sein. Der Ausgang der Sache steht danach schon jetzt fest. Ich halte es aber im Interesse des Ansehens der Rechtspflege für zweckmäßig, eine endgültige Entscheidung erst auf Grund der Akten zu treffen. ...«

Fränkel hat in 17 Fällen nachgewiesenermaßen die Todesstrafe beantragt, da, wo jene wahrhaftig berüchtigten Sondergerichte sie nicht verhängten. In ebenfalls 17 Fällen hat er den Antrag, die Todesstrafe aufzuheben, abgelehnt. Mindestens 34 mal hatte er es in der Hand, einen Menschen zu retten, mindestens 34 mal hat er seine Unterschrift unter die Entscheidung zum Tod gesetzt.

Mag sein, daß manchem der Maßstab verlorenging angesichts der Millionen, um deretwillen Eichmann verurteilt wurde, der Tausende, von denen bei Oberländer die Rede war, der Hunderte, die den Schuberts und Sorges nachgewiesen werden konnten. Aber für den Betroffenen ist es gleichgültig, ob er einer unter Millionen oder einer unter drei Dutzend ist.


*Schlimmeres veranlaßt*

Fränkel stand an einer Stelle, wo er jener Mode der dreißiger und vierziger Jahre hätte folgen können, »Schlimmeres zu verhüten«. Gewiß, Globke kann den Beweis nicht antreten, von Eckardt auch nicht, auch nicht Seebohm, nicht mal die vierzehn im Amt verbliebenen Richter, die ihren Termin am 30. Juni nicht wahrnahmen, nicht die unzähligen Polizeibeamten in leitender Stelle, die kürzlich erst von der VVN (Vereinigung der Verfolgten des Naziregimes) abgezählt wurden, aber *hätten* sie Schlimmeres verhütet, wir würden gut über sie reden. Fränkel hat nicht. Fränkel hat nicht nur seine juristischen Fähigkeiten aus Korrektheit, Bürokratismus, aus Beamtentreue den Herren des Dritten Reiches zur Verfügung gestellt, stur im guten und bösen Sinne, er hat sich vielmehr in oft gelobter Weise den Intentionen des Nationalsozialismus voll erschlossen, hat aus dem Gedanken vom lebensunwerten Leben, der rassischen Überlegenheit, der Härte gegenüber Minderwertigen, der Notwendigkeit des Zweiten Weltkrieges eine Rechtspraxis entwickelt, die der Einheit von Theorie und Praxis, wo immer sie angestrebt wird, Ehre macht. Schreckliche Ehre.

*Solche Formulierungen finden sich in seinen Strafanträgen:*
»Das Landgericht hat offensichtlich nicht die ungeheuerliche Unverfrorenheit berücksichtigt, die darin liegt, daß ein *Tscheche ein deutsches Mädchen* (von Fränkel unterstrichen) genotzüchtigt hat.«

*oder:*
»Inwiefern der Angeklagte seiner Persönlichkeit nach noch für die Volksgemeinschaft von Wert sein soll, ist nicht zu erkennen ...«

*oder:*
»Hinzu kommt, daß der Angeklagte auch seiner Persönlichkeit nach, mag er auch noch nicht bestraft sein, ein ›wenig wertvoller‹ Volksgenosse ist.«

*oder:*
»Die Entscheidung ohne Akten ist möglich. Der Verurteilte Classen ist ein wertloser Berufsverbrecher, den mit Recht die Todesstrafe getroffen hat.«

*oder:*
»Namentlich im Hinblick auf die Persönlichkeit des Täters kann aber die Entscheidung nicht als rechtlich verfehlt und ungerecht bezeichnet werden.«

*oder:*
»Die Sondergerichte in Prag und Brünn versagen leider auffallend häufig, obgleich die dortigen Richter durch ihr tägliches Erlebnis ein besonders starkes Empfinden dafür haben müßten, in welcher Weise die Verbrecherwelt des Protektorats bekämpft werden muß.«

Den Freispruch des Kölner Sondergerichts für Otto Groneuer, der Äußerungen eines ihm bekannten Soldaten weitergegeben haben sollte, die darin gipfelten, Deutschland hätte Rußland überfallen, ließ Fränkel aufheben. Der Soldat hatte seine Meinung damit begründet, daß er selbst erlebt habe, wie deutsche Truppen in russische Dörfer gekommen seien, wo gerade Kirmesfeste gefeiert wurden. Dazu Fränkel: »Das Sondergericht hätte vielmehr den Inhalt, Sinn und Tragweite der Erklärungen des Angeklagten und die Gesinnung, von der sie getragen waren, untersuchen müssen. Da schon der Wortlaut der Bemerkungen des Angeklagten – insbesondere die Behauptung, wir hätten die Russen überfallen – die Annahme eines Vergehens nach dem § 2 (Heimtückegesetz) nahelegt, ist das Urteil wegen des gerügten Mangels ungerecht.«

## Was heißt eigentlich »todeswürdig«

Schließlich hat Fränkel nicht nur die Todesstrafe häufig angewandt, sondern hat ihre Anwendung über seinen eigenen Zuständigkeitsbereich hinaus gefordert und propagiert, ja, hat sich über Kollegen beschwert, die mit der Anwendung der Todesstrafe zögernd umgingen.

Am 1. April 1943 schrieb Fränkel über den Dritten Strafsenat beim Reichsgericht: »Nach den ständigen Mißerfolgen beim 3. Strafsenat (erst heute ist wieder ein Antrag auf Todesstrafe nicht durchgedrungen) bin ich außerstande, im voraus auch nur einigermaßen sicher zu beurteilen, wann der Senat selbst einem unverbesserlichen Gewohnheitsverbrecher (wie hier ausdrücklich festgestellt ist) die Todesstrafe nicht für angebracht hält ... die Todesstrafe hauptsächlich deshalb abgelehnt, weil der Angeklagte in der Strafhaft nützliche Arbeit leisten werde. ... *Trotzdem würde ich ihn nach meinem eigenen Maßstab für todeswürdig halten.* ... Unverkennbar ist der 3. Senat auffallend milder als andere Senate.«

Schon am 14.12.1942 gab Fränkel seinem Unmut über die Milde des 3. Senats in einem Vermerk Ausdruck: »Der unter Ziffer 5 (seiner Nichtigkeitsbeschwerde) vorgeschlagene Zusatz – Vorführung – empfiehlt sich m. E. deshalb, weil der Senat, wie ich unter der Hand gehört habe ohne persönliche Anwesenheit des Angeklagten in Zukunft kaum noch die Todesstrafe verhängen dürfte.«

Übrigens war Fränkel es auch, der den Jugoslawen Vračarić im Herbst 1961 verhaften ließ.

## Alte Herren – alte Fronten

Retrospektiv erscheinen einem diese letzten elf Jahre, während derer der gleiche Fränkel, eben dieser Fränkel Bundesanwalt war, im bundesrepublikanischen »Rechtsstaat« als ein Ritt über den Bodensee.

Oder meint irgend jemand ernsthaft, solche wie Fränkel (oder auch solche wie Globke) hätten nach 1945 ihre Gesinnung geändert? Auf Grund wovon sollten sie?? Um neuer Gesichtspunkte willen? Welcher? Sie wußten, daß es KZs gab, daß Juden verfolgt und vernichtet wurden, daß ihr Staat Recht beugte, Kommunisten umbrachte, Krieg stiftete, Europa bis zum Balkan unterjochte und nach der Ukraine griff. Sie waren selbst Zeugen und Arrangeure des barbarischen Triumphzuges. Warum sollten sie sich im Jahr des Zusammenbruchs plötzlich gewandelt haben? Sie kannten doch schon vor dem Zweiten Weltkrieg die Argumente der Antifaschisten. Warum sollten sie plötzlich akzeptieren, was sie jahrelang abgelehnt hatten?

Aber ein Land, das einen Globke verkraftet, konnte auch einen Fränkel ertragen. Offenbar kann man auf Beamte und Juristen von solcher Staatstreue, solcher Skrupellosigkeit, solcher Korrektheit, solcher Gesinnungslumperei nicht verzichten. Den Scharfmacher, den sich Freisler ins Reichsgericht berief, den brauchte offenbar auch Stammberger in der Bundesanwaltschaft, diesen eigenartigen Gegner der Todesstrafe!!

Schon 1935 fand seine Bearbeitung politischer Strafsachen den ungeteilten Beifall seiner Vorgesetzten, sein zuverlässiger Charakter, seine politische Haltung und seine sonstige Gesinnung wurden schriftlich hervorgehoben. Daß Stammberger gleiches lobt in seiner Einführungsrede, wiederum darauf hinweisend, daß Fränkel es mit politischen Strafsachen zu tun haben werde, mit »Staatsschutzsachen«, ist deshalb dasselbe, weil damals wie heute linke Leute, Kommunisten vor

60

allem, vor den Gerichten stehen. Keine Front ist vertauscht. Keine.

So verrottet ist die Bundesrepublik, so zynisch, daß die ›Welt‹-Meldung, die berichtet, der FDP-Abgeordnete Kohut werde im Bundestag fragen, ob es wahr sei, daß Fränkel in zwei Fällen seine Strafanträge unter Berufung auf Globkes Kommentar zu den Nürnberger Gesetzen gestellt habe, daß diese ›Welt‹-Meldung mit dem Bemerken schließt: Auf den Briefumschlägen, in denen Kohut den Bonner Journalisten seine Frage mitteilt, stünde der Werbespruch von Kohuts Likörfabrik: »Kohut tut gut«.

Fränkel hat 34 Menschen in den Tod geschickt.

Nr. 8, 1962

*Wolfgang Fränkel,* der 1962 Bundesanwalt geworden war, mußte im gleichen Jahr sein Amt aufgeben, nachdem die DDR belastendes Material gegen ihn vorgelegt hatte.

*Roland Freisler,* 1942 bis 1945 Präsident des Volksgerichtshofs, verkörperte den nationalsozialistischen Justiz-Terror, besonders bei der Verfolgung der deutschen Widerstandsbewegung nach dem Stauffenberg-Attentat am 20. Juli 1944.

*Felix von Eckardt* war Regierungssprecher in der Ära Adenauer.

*Lazar Vračarić:* die Verhaftung des jugoslawischen Geschäftsmannes, dem vorgeworfen wurde als Tito-Partisan zwei deutsche Besatzungssoldaten niedergeschossen zu haben, diskreditierte die deutsche Justiz vor aller Welt. Das norwegische ›Dagbladet‹ berichtete unter der Schlagzeile »Deutsche Rache an den Partisanen?« Vračarić wurde nach kurzer Zeit freigelassen, die erkennungsdienstlichen Unterlagen mußten auf Druck Jugoslawiens hin vernichtet werden.

*Wolfgang Stammberger* war 1961–1962 Bundesjustizminister.

# Notstandsgesetz

## 1. Lesung

Abgeordnete der FDP und der SPD haben anläßlich der 1. Lesung des Notstandsgesetzes den Entwurf des Innenministers in einigen wichtigen Punkten kritisiert. Sie wollen die Pressefreiheit »nicht so sehr eingeschränkt« haben (Sänger, SPD); bezüglich des Rechts, Notverordnungen zu erlassen, soll der Innenminister seinen Standpunkt noch einmal überprüfen (Dorn, FDP); in erster Linie habe die Polizei die innere Ordnung zu schützen, obwohl man den Einsatz der Bundeswehr nicht ausschließen könne, meinte Schäfer von der SPD; der Beschluß zur Feststellung des Notstands soll von einer Zwei-Drittel-Mehrheit des Bundestages gefaßt werden, fordern Freie und Sozialdemokraten; das Bundesverfassungsgericht muß funktionsfähig bleiben und alle Notstandsmaßnahmen sollen gerichtlich überprüfbar sein, sagte Schäfer, und der Abgeordnete Leber (Bausteineerden) wünscht sich, daß auch in Zukunft im Stil der versöhnlichen Rede von Höcherl debattiert werde.

Wir gestehen, daß wir diesen Marginalien zu Höcherls Entwurf noch einiges hinzufügen haben.

Wir können nicht einsehen, zu welchem Zweck und Nutzen die Freiheit von Kunst und Wissenschaft, von Forschung und Lehre aufgehoben werden soll. Welche Wahrheit hat wer zu fürchten, im Falle eines Zustandes, in dem Freiheit, Geistesfreiheit insbesondere bewahrt, vor Zerstörung gerade geschützt werden soll?

Es befremdet uns, daß Vereinigungen verboten werden dürfen, deren Verfassungstreue unangefochten ist; nur weil ihre Richtung der Exekutive nicht paßt.

Es irritiert uns, daß Frauen zum Dienst im Verband der Streitkräfte – ob mit oder ohne Waffe ist uns egal – gezwungen werden sollen. Wir sind dagegen, daß das Recht auf Kriegsdienstverweigerung im Kriegsfall annulliert wird.

Wir fragen uns, was man sich unter »Presseselbstkontrolle« vorstellt. Soll die Rechtspresse die Linkspresse zensieren? Soll Axel Springer den ›Spiegel‹ redigieren?

Uns graut bei dem Gedanken, daß Einheiten der Streit-kräfte für polizeiliche Aufgaben im Innern eingesetzt werden sollen – »nötigenfalls mit der Waffe«. Staatsbürger in Uni-form gegen Staatsbürger in Zivil? Also nicht nur auf Brüder und Schwestern in Mitteldeutschland, auch auf Eltern und Geschwister zwischen Elbe und Maas soll geschossen wer-den?

Es stößt uns auf, daß die Grundform demokratischer Wil-lensbildung durch Versammlungsverbote beseitigt wird. Was kann unter diesen Umständen die Bevölkerung noch tun, wenn die Regierung z. B. einen Krieg führt, den die Bevölke-rung nicht zu führen wünscht? Sich ohne zu mucken von Freund und Feind erschießen lassen? Welches wäre dann der Unterschied zwischen Freund und Feind?

Wir stolpern über die Mitteilung, daß es rechtens sein soll, wenn die Polizei Verhaftungen vornimmt und ohne richterli-che Entscheidung den Betroffenen zumindest sieben Tage lang in Gewahrsam halten kann. Ohne daß ihm die Gründe seiner Verhaftung genannt werden, ohne ihm Gelegenheit zu Einwendungen zu geben.

Wir sehen die Demokratie ad absurdum geführt, wenn der Notstandsfall schon festgestellt werden kann, wenn ein Angriff von außen nur »droht« und diese Tatsache nur durch nachrichtendienstliche und geheime Informationen belegt ist. Das heißt, den Bundestag vorsätzlich mit Blindheit schla-gen, ihm das Gesetz des Handelns zwangsweise entziehen.

Wir verstehen nicht, was das heißt: »Stehen der *rechtzeitigen* Beschlußfassung des Bundestages und des Bundesrates *un-überwindliche* Hindernisse entgegen ...«, dann nämlich gehen die Rechte des Bundestages auf einen Notstandsausschuß über, während »bei Gefahr im *Verzug*« darüber hinaus der Notstandsfall vom Bundespräsidenten mit Gegenzeichnung des Kanzlers verkündet wird. Wer befindet über den Maßstab der »Rechtzeitigkeit«? Wer nennt Hindernisse »unüberwind-lich«? Wer befindet über den Tatbestand des »Verzugs«? Geheim- und Nachrichtendienste? Kanzler und Präsident in einsamem Beschluß?

Gesetze schaffen Tatsachen. Der Einsatz der Bundeswehr mit der Waffe hinterläßt Tote und Verletzte. Beschlagnahme von Zeitungen macht Verlage wirtschaftlich und meist auch prestigemäßig kaputt. Vereinigungen, auch Gewerkschaften, werden durch Verbote meist faktisch aufgelöst. Wer wird nach Beendigung des Ausnahmezustandes die Toten wieder lebendig machen? Wer reorganisiert Gewerkschaften und Opposition? Wer nimmt den abgerissenen Faden freier Forschung und Lehre, freier Künste und Wissenschaften wieder auf? Wer – mit anderen Worten – stellt die Demokratie wieder her? Diejenigen, die sie beseitigten? Diejenigen, die nicht unter die Räder kamen (aber was sind das für Leute?)? Diejenigen, die 1962 bereits eine ›Spiegel‹-Aktion durchführten?

Man kann, das hat kürzlich ein Kolumnist der ›Frankfurter Allgemeinen Zeitung‹ scharfsinnig zum besten gegeben, seinem eigenen Tod nicht durch Selbstmord entgehen, auch dann nicht – fügen wir hinzu – wenn man Volk und Staat mit hineinzuziehen versucht. Denn offenbar ist die derzeitige Bundesregierung der Ansicht, daß ihre Politik schließlich zur Katastrophe treibt. Anstatt aber die Katastrophe abzuwenden, will sie die Verfassung ändern, anstatt das Chaos zu verhindern, soll es legalisiert werden. – Wenn aber die Bundesregierung einen Überfall von jenseits der Elbe fürchtet, warum kommt sie ihm nicht durch Abrüstungsverhandlungen in Mitteleuropa zuvor? Wenn sie Naturkatastrophen wie die Hamburger Flutkatastrophe voraussieht, warum kommt sie ihnen nicht durch Deichbauten und ähnliche Maßnahmen zuvor? Wenn ihr Lohnkämpfe unerwünscht sind, warum kommt sie ihnen nicht durch Preisstabilisierung und eine vernünftige Sozialpolitik zuvor? Wenn sie nazistische Umtriebe bekämpfen will, warum kommt sie ihnen nicht durch Entlassung alter Nazis aus Regierungsämtern zuvor?

So wenig die Idee der Kriegsdienstverweigerung mit Waffengewalt Verbreitung finden kann, so wenig können Freiheit und Demokratie durch ihre Abschaffung geschützt werden.

Nr. 2, 1963

›Spiegel‹-Aktion: siehe Erläuterung S. 76.

# Ostermarsch 64

Wenn am 17. Juni die Margeriten blühen und die ehelichen und unehelichen Pärchen über Land fahren, wenn Zigarettenschachteln und Eierschalen öffentlichen und heimlichen Picknickplätzen eine persönliche Note geben und die Federballsieger des Vorsommers ermittelt werden, dann sind alle Versuche, den Sinn dieses Tages für Bonn und sein Unteilbares Deutschland zu retten, verronnen. Der 17. Juni wurde zum arbeitsfreien Tag für Jux und Dollerei.

Und wer läßt ein paar Wochen vorher zu Ostern seinen Traumwagen im Stall, rührt seinen Vat 69 kaum an, hat Politik unterm Hemd, ein Plakat vorm Bauch und macht seine Kilometer zu Fuß und denkt was dabei und pfeift auf den freien Tag? Der Atomwaffengegner, ohne Bonn, ohne Kuratorium, auf eigene Faust. Unverdrossen, unermüdlich, unbestochen. Es gibt viele davon, und jedes Jahr werden es mehr.

## *Am Anfang waren Blue Jeans*

Die Kampagne für Abrüstung, der Ostermarsch der Atomwaffengegner entstand vor vier Jahren unter Ausschluß der Öffentlichkeit. Keine Zeitung nahm von dieser Handvoll Aufrechter Notiz, kein Mensch nahm sie ernst. Ein Grüppchen Unentwegter spazierte zwei Tage lang aus der Millionenstadt Hamburg hinaus zum Raketenstützpunkt Bergen-Hohne. Bärte und Blue Jeans waren ihr Steckbrief, indes – nicht ihre Weltanschauung. 1963 waren aus zweitausend vierunddreißigtausend geworden, ihre Ausflugsziele waren die Zentren acht deutscher Großstädte, wo sich insgesamt 80 000 Menschen zu Abschlußkundgebungen unter freiem Himmel am sonnigen Ostermontag des Vorjahres versammelten. Als am 3. November 1963 in der Frankfurter Paulskirche der Ostermarsch 1964 eröffnet wurde, hatten bereits wieder einige Tausend nicht ganz namenlose Männer und Frauen den Ostermarschaufruf unterzeichnet. Gewerkschaftler und Pfarrer, Schriftsteller und Professoren, Ärzte, Lehrer, Journalisten und andere.

*Der Aufruf*

Der Aufruf beruft sich auf U Thants Friedensplan: Beendigung der Atomwaffentests auch unter der Erde; Verbot der Verwendung von Nuklearwaffen im Kriege; Maßnahmen zur Verhütung von Überraschungsangriffen; Verträge über atomwaffenfreie Zonen. Er fordert mit dem Deutschen Gewerkschaftsbund eigene Abrüstungsinitiativen der Bundesregierung: Verzicht auf die Ausrüstung der Bundeswehr mit Atomwaffen; Zustimmung und Beitritt der Bundesrepublik zu allen Vereinbarungen, die zum Verzicht auf Gewalt führen; Initiative der Bundesrepublik zu Verhandlungen über ein atomwaffenfreies, militärisch verdünntes Sicherheitssystem in Mitteleuropa. Der Aufruf erklärt: »Unser Nein zur Bombe ist ein Ja zur Demokratie, ein Ja zur Forderung des Grundgesetzes, dem Frieden der Welt zu dienen.«

Der alte, überaus besonnene Max Born gab schriftlich: »Das in Ihrem Aufruf Gesagte möchte ich durchaus unterstützen, und Sie können hiervon Gebrauch machen.« Der vielbeschäftigte, weltweit respektierte Fritz Baade (»Wettlauf zum Jahr Zweitausend«), SPD-MdB, ließ wissen: »Ich würde mich freuen, wenn es diesmal mein Terminkalender erlauben wird, daß ich selbst am Ostermarsch teilnehme.« Und Kuby, Flugreisender in Koexistenz zwischen Stalingrad, Rom, Warschau und Kampen auf Sylt telegrafierte aus Mali: »Mit Aufruf einverstanden.«

Namen, Namen, Namen. Erich Kästner und Ina Seidel, Carl Amery und Martin Niemöller, Wolfgang Abendroth und Wilhelm Weischedel, Fritz J. Raddatz und Helmut Gollwitzer, Friedrich Heer und Ewald Mataré, Robert Jungk und Siegfried Lenz, Heinz Hilpert und Margharita von Brentano, Rolf Hochhuth und Ernst Wolf, Christian Geissler und Gösta von Uexküll und andere, zahllose, ebenso Namhafte. Ein Stelldichein der Intelligenz, eine geistige Prominenz angesichts derer Springer, wären es seine Leute, in Tränen ausbrechen würde, und Lemmer spräche zur Zone von der Elite der Nation.

Die Partner der Genannten sind Gewerkschaftler, Arbeiter-jugendliche und Sozialdemokraten des Anti-Wehnerflügels.

Die Frage nach der Teilnahme am Ostermarsch ist in den Gewerkschaften zur Gretchenfrage geworden. Wohl prote-stierte bislang noch jeder Gewerkschaftskongreß gegen Atomwaffen in den Händen deutscher Soldaten, doch unter-scheiden sich stets jene, die für das Ziel der Atomwaffenfrei-heit kämpfen wollen und damit zum Ostermarsch vorstoßen von denen, deren Oppositionsgeist nicht weiter reicht, als bis zu einer schlichten Willensbekundung in der Summe eines Abstimmungsergebnisses.

Das zwiespältige Verhältnis, der der SPD und dem DGB nahestehenden Atomwaffengegner zum Ostermarsch ist weder willkürlich noch zufällig zustande gekommen.

Deshalb ist die Erklärung der Jugendkonferenz der IG-Metall im vorigen Jahr so bemerkenswert, in der es heißt: »Die Delegierten begrüßen jede demokratische Initiative, die zum Ziel hat, die Öffentlichkeit aufzurütteln und aufzufor-dern zum Widerstand gegen Atomwaffen in Ost und West. Sie grüßen die jungen Menschen, die auf dem englischen Aldermaston-Marsch und den Ostermärschen der Atomwaf-fengegner in der Bundesrepublik und in anderen europäi-schen Ländern teilgenommen haben. Die jungen Mitglieder der IG-Metall fordern wir auf, sich zu dieser demokratischen Aktivität zu bekennen und sie künftig durch ihre Teilnahme zu unterstützen.«

Deshalb sind ähnliche Beschlüsse, wie sie von der Bun-deskonferenz der IG-Chemie gefaßt wurden und von der IG-Chemie-Jugend, von der DGB-Jugend in Hessen und Bayern, von der Bezirksjugendkonferenz der IG-Metall München for-muliert wurden, keine Routineentscheidungen, sondern Ab-stimmungsergebnisse, um die verbandsintern gekämpft wur-de, für die persönlich eingestanden werden muß.

Der Sozialistische Deutsche Studentenbund, der die Sache des Ostermarsches an den Universitäten vertritt, hat seine politische Standfestigkeit mit der Streichung der Bundes-jugendplangelder bezahlt und mit dem Ausschluß seiner Mitglieder aus der SPD.

Jahrelang geisterte es durch die Bundesrepublik – und das Geschäft des Gerüchteausstreuens besorgt in diesem Fall die Opposition – der Ostermarsch sei, wenn nicht östlich gesteuert, dann wenigstens ostanfällig, und heute noch wird seitens der SPD auf Verdacht orakelt: Die Argumentation der Ostermarschbewegung sei weitgehend einseitig gegen westliche Verteidigungsmaßnahmen gerichtet, während militärische Maßnahmen der Sowjetunion und des Ostblocks mit »Verständnis« kommentiert würden.

Eine außerparlamentarische Aktion von so langer Puste, so hartnäckiger Unbestechlichkeit, so zäher Aufbauarbeit hat es – unseres Wissens – in Deutschland noch nicht gegeben, so gut organisiert, so wenig zur Institution erstarrt.

Nr. 3, 1964

*Sithu U Thant* war von 1961 bis 1971 Generalsekretär der UNO.

*Ernst Lemmer* (CDU): von 1957 bis 1961 Minister für Gesamtdeutsche Fragen.

# Die Herausforderung und die Antwort

Seitdem es in der Bundesrepublik keine parlamentarische Opposition mehr gibt, sondern nur eine übrig gebliebene Partei, die von den Regierungsgeschäften ausgeschlossen ist, geht der Streit um die Zukunft der deutschen Politik quer durch die Parteien und Ministerien. Kein Mensch kann mehr sagen, welche der verschiedenen Konzeptionen, die von Parteivorsitzenden und ihren Stellvertretern, von Fraktionsvorsitzenden, Ressortministern und Einzelprominenten proklamiert werden, den Richtlinien des Kanzlers entspricht, ob es Mächtige sind oder Querulanten, denen Zuspruch und Widerrede gebührt.

Adenauer und Strauß intrigieren gegen den entspannungsfreundlichen Schröder, der selbst dem Ministerium vorsteht, das eine Gastspielreise des Bolschoiballetts durch die Bundesrepublik zu verhindern suchte. Der gleiche Schröder, der vor dem Evangelischen Arbeitskreis der CDU in München die Sowjetunion um etwas freundlichere Umgangsformen bat, hatte kurz zuvor erst die Note der Bundesregierung an den Kreml mit einem Lieferwagen überbringen lassen. Wehner, der Verfasser des Deutschlandplans der SPD aus dem Jahr 1959, muß sich von dem CDU-Rechtsaußen Rainer Barzel darüber belehren lassen, daß eine Initiative in der Deutschlandfrage trotz sowjetisch-chinesischem Streit sinnvoll wäre; Dehler wird von seinem Parteivorstand gerügt, weil er Erhards destruktive Passierscheinpolitik kritisierte, Mende dagegen, sein Parteichef, macht sich in Bonn gleichermaßen unbeliebt, indem er den Vorschlag eines kleinen Grenzverkehrs, den er dem hessischen Landrat Zerbe aus der Hand geschlagen hatte, selbst wieder aufnimmt. Am Einspruch Ostberlins, das auf Kreisebene verhandlungsbereit gewesen war, ist er indes gescheitert. Albertz' Vorschlag, 120 000 Jugendliche zum Pfingsttreffen nach Ostberlin zu holen, kommt nicht zum Zuge, ebensowenig wie ein Passierscheinabkommen nach weihnachtlichem Muster, obwohl angeblich alle es wünschten.

Ansätze zu ausgleichenden Gesten sind überall da, aber wo sie auftauchen, werden sie wieder verscheucht. Warum?

Warum soviel Hick-Hack, Inkonsequenz und Ungeschick? Weil man in Bonn die Herausforderung begriffen hat, die in dem Abschluß des Atomteststoppabkommens liegt, in der Einstellung der Produktion spaltbaren Materials, in den freundlichen, fast freundschaftlichen Tönen zwischen Johnson und Chruschtschow, in der Ermahnung des amerikanischen Präsidenten an Erhard, für die sowjetischen Sorgen gegenüber der Bundesrepublik etwas mehr Verständnis zu zeigen. Weil man dieser Herausforderung sinnvoll begegnen möchte, einige Grundsätze der deutschen Politik aber mit diesem Neuen ganz und gar unvereinbar sind. Es sind die eigenen Füße, über die gegenwärtig gestolpert wird.

Der amerikanische Senator Fulbright sagte es so: Es sei an der Zeit, sich mit denjenigen Regierungen zu arrangieren, die die tatsächliche Macht in ihren Händen haben; er war gegenüber Bonn taktvoll genug, nicht ausdrücklich die DDR zu erwähnen, er war realistisch genug, sie neben China zu *meinen*. Es geht in der Bundesrepublik darum, daß man sich nicht länger um die Anerkennung der Existenz eines zweiten deutschen Staates herumdrücken kann, wenn man zur Lösung der deutschen Frage beitragen will. Es geht darum, daß eine dauerhafte Synchronisation der deutsch-amerikanischen Politik von dieser Einsicht ebenso abhängt, wie die Wahrnehmung der Interessen der Menschen, die in den beiden deutschen Staaten leben. Es liegt im Interesse dieser 70 Millionen, daß ein Passierscheinabkommen abgeschlossen wird, desgleichen ein kleiner und schließlich großer Grenzverkehr, und eine Aufwertung der DDR widerspricht dem nicht; wenn sie die Bedingung solcher Abkommen ist, dann muß sie sogar begrüßt werden. Es gibt auch kein schlagendes Argument gegen den Verdacht, die Bundesrepublik wolle die DDR annektieren, als eben ihre Anerkennung und es gibt keine glaubwürdige Beteuerung, die Bundesrepublik wolle an der Lösung der deutschen Frage mitwirken, wenn sie nicht von der ausdrücklichen Bereitschaft zu innerdeutschen Verhandlungen begleitet wird. Weil man diesen einen realen Schritt aus seinem politischen Kalkül verbannt hat, sind alle Ansätze zu einer friedfertigen Politik auf Sand gebaut, können abgedreht und wegintrigiert werden.

Es liegt nicht einfach an der Charakterschwäche des Bundeskanzlers, daß er zwischen seinem Außenminister, seinen Koalitionspartnern und den Vertriebenenverbänden hin- und hergeschaukelt wird. Die Verwirrung in Bonn liegt daran, daß auch von den Wohlmeinenden keiner Kurs nimmt auf die Anerkennung der DDR. Ansätze klären heute nichts mehr. Die Zukunft gehört den Fakten.

Nr. 5, 1964

Am 5. August 1963 hatten die USA und die UdSSR in Moskau ein Atomteststop-Abkommen (»Vertrag über ein Verbot von Kernwaffenversuchen in der Atmosphäre, im Weltraum und unter Wasser«) unterzeichnet.

Nach dem Scheitern der Koalitionsverhandlungen standen den 447 Mandaten der »Großen Koalition« von CDU/CSU und SPD, 49 Mandate der *übriggebliebenen* FDP gegenüber.

Im März 1959 legte die SPD ihren *Deutschland-Plan* vor: er ging von dem Gedanken einer neutralisierten Zone in Mitteleuropa aus und sah die Wiedervereinigung Deutschlands nach paritätischen Verhandlungen zwischen der BRD und der DDR (die in dem Plan so, d.h. ohne Anführungszeichen bezeichnet war) sowie einen »gesamtdeutschen Markt«, eine Art gemeinsamen Markt für die beiden Teile Deutschlands, vor; 1960 zog die SPD diesen Plan wieder zurück.

*Rainer Barzel* war seit 1964 Fraktionsvorsitzender, später Parteivorsitzender der CDU.

*Thomas Dehler* (FDP) war Justizminister im ersten Kabinett Adenauers und einige Jahre Parteivorsitzender. 1960–1967 Vizepräsident des Bundestags.

*Erich Mende*, von 1960 bis 1968 Vorsitzender der FDP, war unter Kanzler Erhard Minister für gesamtdeutsche Fragen.

*Lyndon B. Johnson:* 1961 bis 1968 Präsident der USA.

# Deutschland Deutschland unter anderm

## *15 Jahre Grundgesetz*

Hätte nicht die schwarz-rot-goldene Fahne am 23. Mai 1964 auf allen öffentlichen Gebäuden geweht, der 15jährige Geburtstag des Grundgesetzes hätte unter Ausschluß der Öffentlichkeit stattgefunden. Ein paar Leitartikel, eine Akademietagung, ein paar staatsbürgerliche Unterrichtsstunden, das war alles, was diesen Geburtstagstisch zierte. Die Bundesrepublikaner sind mit ihrem Grundgesetz bis heute nicht warm geworden. Zuviel ist schon daran herumgedoktert worden, zu oft mußte es schon im Parteienstreit herhalten, nicht sein Vollzug, seine Beschränkung war eh und je das Problem des Tages. – Die Räte von Herrenchiemsee hatten unter dem Eindruck von Krieg und Nachkrieg, in der Erschütterung über den nationalsozialistischen Terror ein Gesetz geschaffen, das ebenso pazifistisch wie freiheitlich war. Für keine Armee und kein Militärbündnis war Platz vorgesehen im Rahmen der Verfassung, für keinen Übergriff aber auch der Exekutive auf legislative Zuständigkeiten. Das Gesetz zwang die Regierenden, sich mit ihren äußeren Gegnern zu arrangieren und innere Kontrahenten nicht zu provozieren. Das Grundgesetz war lange vor Chruschtschow und Kennedy ein Träger des Koexistenz-Gedankens. Die Deutschen dürften wahrhaft stolz darauf sein, wenn es das geblieben wäre.

Aber mit dem Koreakrieg griff die Psychose des Kalten Krieges auf die Bundesrepublik über, und mit der Marshallplanhilfe erlag der damalige Kanzler Adenauer jenen Anträgen der Westalliierten, die im geteilten Deutschland auch heute noch verdienen, unsittlich genannt zu werden, und 1956 war es endlich soweit, daß nicht länger die deutsche Politik vom Grundgesetz präjudiziert wurde, sondern dies Gesetz der Politik des Kanzlers und seiner Parteien angepaßt wurde. Gemeint sind die Grundgesetzänderungen, die mit der Wiederbewaffnung und der Wehrpflicht in Zusammenhang stehen. Das Grundgesetz wurde fit gemacht für Adenauers Politik der Stärke und stand ihm damit nicht länger im Wege. Es war nun nicht mehr pazifistisch, es war nur noch freiheitlich. Aber gefeiert hat man auch das nicht am 23. Mai 1964. Auch die Freiheitlichkeit ist den Regierenden problematisch geworden. Geplant ist eine erneute Ergänzung des Grundgesetzes, die für den Fall eines inneren oder eines äußeren Notstandes die Außerkraftsetzung der wichtigsten Grundrechte ermöglicht, als da sind das Recht auf freie Meinungsäußerung, das Recht auf Versammlungsfreiheit und Vereinigungsfreiheit, das Recht auf Freizügigkeit im ganzen Bundesgebiet, das Verbot, Frauen zu einer Dienstpflicht im Verband der Streitkräfte zu verpflichten, die Unverletzlichkeit des Brief- und Postgeheimnisses etc.

Das Grundgesetz ist nicht besser geworden in den 15 Jahren seines Bestehens. Unrealistisch wäre es, es zurückdrehen zu wollen hinter das Jahr 1956, unrealistisch aber auch, die geplanten Notstandsgesetze schon als gegeben hinzunehmen. Und immer noch besteht der Auftrag des Grundgesetzes, ein Parteiengesetz zu schaffen, das die öffentliche Kontrolle der Parteienfinanzierung ermöglicht und ein Gesetz zum Verbot der Beteiligung an Angriffshandlungen, das selbst einem Mann wie Strauß die Zügel anzulegen vermöchte.

Nr. 6, 1964

Mit dem *Marshallplan* gewährten die USA finanzielle Hilfe für den Wiederaufbau und schufen damit die Grundlage für einen zukünftigen »Weltwirtschaftsmarkt Europa«.

# Notstandsgesetz (1964)

Liebes kaukbet - Leses !

Einige von uns können das Wort nicht mehr hören: Notstand. Notstandsgesetze, Grundgesetzänderung, Notparlament, Notverordnung, Innerer Notstand, Äußerer Notstand – einige von uns klappen die Zeitung zu, drehen das Radio ab, machen die Ohren zu, wenn die Rede darauf kommt. Seit der Innenminister Schröder vor sechs Jahren zum ersten Mal diese Begriffe in die Debatte warf, seitdem haben wir Jahr für Jahr, von Anlaß zu Anlaß, von Gelegenheit zu Gelegenheit unsere Meinung dazu gesagt, unser Nein begründet, unsere Argumente ausgefeilt und geschliffen und veröffentlicht. Jetzt können wir sie nicht mehr hören. Es gibt eine Ermüdung durch Monotonie. Sie ist bei uns eingetreten.

Gewerkschaftsbeschlüsse wurden gefaßt, bei der IG-Metall, bei der ÖTV, beim DGB; Jugendorganisationen haben Resolutionen verabschiedet, Pfarrer haben gepredigt, Bücher sind geschrieben worden, Gutachten, Analysen, Aufrufe. Nun sind wir abgekämpft.

Obwohl wir Erfolg hatten. Unser Erfolg besteht in sechs Jahren verhinderter Notstandsgesetzgebung. Unser Erfolg besteht darin, daß man auf der Regierungsseite heute noch über die mangelnde Notstandsbereitschaft, über ein mangelndes Verständnis für diese Regierungsvorhaben in der Bevölkerung klagt. Mit ›Spiegel‹- und Telefon-Affäre zeigte die Regierung selbst ihre eigene Vertrauensunwürdigkeit, legte sich Steine in den Weg, die uns zunutze waren. Unser Erfolg besteht darin, daß eine Notstandsgesetzgebung immer noch sehr unpopulär wäre in der Bevölkerung, auf die es als Wahlvolk ankommt. Auf unserer Seite aber besteht jetzt die Gefahr, daß wir aus Überdruß an einer leidigen Sache hineingehen in den Notstand wie das Schlachtvieh zur Schlachtbank. Wissend, was uns bevorsteht, haben wir doch so recht keine Lust mehr, uns an dieser elenden Sache zu reiben, uns weiter zu wehren. Obwohl wir wissen, daß Strauß, der Gute, uns dann nicht mehr nur mit Beleidigungsprozessen an den

Rand unserer Existenz bringt[1], sondern gleich beschlagnahmen läßt, was er nach ernsthafter Prüfung seines Gewissens und aller Gründe – er ist ein ehrenwerter Mann – nicht dulden kann; daß verhaftet werden wird, wer verdächtig ist; daß geschossen werden kann, von Bundesdeutschen auf Bundesdeutsche; daß Frauen ...; daß Luftschutzkeller...; daß Freiheit...; es wäre das Ende von vielem, wenn nicht von allem.

Es besteht die Gefahr, daß wir da hineingehen, im vollen Bewußtsein der Gefahr, untätig aber, weil überdrüssig, auch lustlos und mit anderen Dingen beschäftigt.

Es muß aber klar bleiben, daß wir, die wir wissen, was gespielt wird, die Verantwortung haben. Die Verantwortung liegt bei den Gewerkschaften und bei den Sozialdemokraten, bei Niemöller, Kuby, Haffner, Augstein, Enzensberger, Paczensky. Bei jedem, der an dieser Stelle in diesem Zusammenhang genannt werden könnte, ob er mag oder nicht. Sie liegt bei jedem von diesen Ermüdeten und Beschäftigten. Sie haben die Gelegenheit, sich selbst jene Ehre anzutun, die heute noch der SPD zugute zu halten ist, daß sie nämlich 1933 gegen das Ermächtigungsgesetz gestimmt hat. Nach 12 Jahren Nationalsozialismus, 15 Jahren Bundesrepublik und sechs Jahren Notstandsdiskussion, nach so viel Erfahrung und so viel Gelegenheit, Kenntnisse zu sammeln, dürfte es nicht schwerfallen, ein guter Demokrat zu bleiben. Über das Ermächtigungsgesetz, dem, was ihm vorausging, und dem, was danach kam, mag sich noch mancher zeitweise Illusionen gemacht haben. Über die Notstandsgesetze brauchen wir uns keine Illusionen mehr zu machen. Auch wenn unsere größte Hoffnung die ist, im Unrecht zu sein.

Die Chance, die wir jetzt noch haben, ist leicht errechnet: Die Regierung will wenigstens einige der Notstandsgesetze noch vor Weihnachten verabschieden. Dazwischen liegt der SPD-Parteitag. Wenn man dort zumindest ein verbindliches Nein findet zum Einsatz der Bundeswehr beim Inneren Notstand, zur Verwendung von Frauen im Verband der Streitkräfte, zur Kontrolle der Presse auch schon bei drohender äußerer Gefahr und zur Annullierung des Streikrechts, dann muß zwischen SPD und Regierung weiterverhandelt werden, und dann kommt die Verabschiedung der Notstandsgesetze mit jedem Tag näher an den Wahlkampf heran. Wenn aber erst Wahlkampf ist, dann wird kein Notstandsgesetz mehr verabschiedet; das wird sich die SPD nicht antun, nicht mal die CDU, nicht mal Herr Strauß, der Gute.

Wenn wir diesen Aufschub erreichen, dann ist wieder mindestens ein Jahr gewonnen. Dazwischen sind Wahlen. Wer weiß, was dann sein wird, in einer Zeit, in der die CDU ohnehin mehr im Gehen als im Kommen ist. Solange muß unsere Puste aber noch reichen. Solange müssen wir uns noch was einfallen lassen. Wir wollen nicht wie Schlachtvieh behandelt werden. Wir sollten uns aber auch auf keinen Fall wie Schlachtvieh verhalten.

*Ulrike René Meinhof*

*Anmerkung*
[1] Der CSU-Vorsitzende hat wegen unseres vorigen Artikels an dieser Stelle Strafantrag und Privatklage wegen Beleidigung gegen die Verfasserin gestellt.

Nr. 11, 1964

*Spiegel-Affäre*: in der Nacht vom 26. auf den 27.10.1962 war die Redaktion der Hamburger Zeitschrift von Polizeikommandos besetzt worden. Die »Durchsuchung« dauerte 30 Tage. Vorwand war ein ›Spiegel‹-Bericht vom 10.10. über ein NATO-Manöver. Rudolf Augstein, der Verlagsdirektor und mehrere Redakteure wurden verhaftet. Begründung: Tatverdacht des Landesverrats. Augstein wurde erst am 7.2.1963 wieder entlassen. Zwei Jahre später lehnte der Bundesgerichtshof die Eröffnung des Verfahrens aus Mangel an Beweisen ab. Direkte Folgen der ›Spiegel‹-Krise waren eine Kabinettsumbildung, bei der Strauß sein Amt als Verteidigungsminister verlor und die Ankündigung Adenauers, im Herbst 1963 zurückzutreten.

Im Herbst 1963 wurde bekannt, daß das Kölner Bundesamt für Verfassungsschutz, das auch ehemalige SS-Mitglieder beschäftigte, von alliierten Nachrichtendiensten in der Bundesrepublik abgehörte Telephongespräche und ausgespähte Brieftexte für eigene Zwecke benutzte und auch anforderte. Mit der »Bitte um Nachrichtenaustausch« wurde der Verfassungsbruch kaschiert. Innenminister Höcherl entschuldigte die *Telefonabhör-Affäre* mit dem Satz: »Verfassungsschützer können nicht ständig das Grundgesetz unter dem Arm tragen.«

# Die Zivildienstfibel

4 Millionen Auflage hat die ›Bild‹-Zeitung, 1,5 Millionen hat der ›Stern‹, 570 000 hat der ›Spiegel‹. Die ›Zivilschutzfibel‹ hatte zwanzig Millionen. Sie wurde zwischen dem 20. Oktober und dem 12. Dezember an die Bundesbürger verteilt. Und dies Land der Lämmer hat sie schweigend geschluckt. Friß Vogel und stirb.

Dreht den Gashahn auf und greift zur Schutzmaske; eßt Luminal und erbrecht euch; steckt euer Haus an und haltet die Einstellspritze bereit – *sicher ist sicher¹. Nach menschlichem Ermessen* nicht und nicht *nach allen Vorkehrungen dürfte die größte aller Katastrophen – ein Krieg – ausbrechen*, nach Gottes unerforschlichem Ratschluß aber also. Und also *ist es dem Menschen auferlegt, vernünftig und verantwortungsbewußt Vorsorge zu treffen für alle Gefahren, die ihn bedrohen können*. Hermann Höcherl. (Theodor W. Adorno über den »Jargon der Eigentlichkeit«: »Aber das Unwahre überführt sich seiner selbst im Geschwollenen.«)

Den Hinterbliebenen noch ein *baldrianhaltiges Beruhigungsmittel, ein schmerzlinderndes Mittel, ein Fieberthermometer* und ACHTUNG! Wer zum Hanfstrick greift! Daß der Nagel in der Trümmerfassade auch hält! Eingipsen! Fassade abstützen! *Der verantwortungsbewußte Mensch sorgt vor.*

Was denkt sich eine Regierung eigentlich dabei, wenn sie so ausgemachten Unsinn unter die Leute bringt? Glaubt sie im Ernst, dem deutschen Volk so salbungsvoll und betulich wie einem lahmen Gaul ihre Politik aufschwätzen zu können? Wer soll ihr eigentlich den Vergleich zwischen Blitzableiter und Zivilschutz, zwischen Wolkenbruch und Krieg abnehmen? *Aber wenn ein Gewitter heraufzieht, ist man doch froh, gegen den Blitz geschützt zu sein. So ist es auch mit dem Zivilschutz.* Was verspricht sie sich davon, wenn sie einem den Pfingstausflug vermiest unter Hinweis auf das Verkehrschaos bei einer Massenflucht im Krieg? Was hat die verbummelte griechische Reederei, die ihre Lakonia ohne Rettungsausrüstung in die Havarie schickte, mit der Weltpolitik zu tun? Und wer soll sich mit jenem flotten Fritzestrichmann identifizieren, der auf den Illustrationen der Zivilschutzfibel vorschriftsmäßig in den Luftschutzkeller rennt, der sich auf die Erde wirft, die Hände schützend über den Kopf gehalten, der sich am Boden wälzt, wenn seine Kleider Feuer gefangen haben?

*Die Regierung greift tief in die Tasche, um jeden im Selbstschutz auszubilden, der Interesse hat* – die Gute. In wessen Tasche eigentlich? Und hat es sich noch nicht bis zur Regierung herumgesprochen, daß ihr Bundesluftschutzverband nicht mehr taugt als ein eingetragener Kegelklub, dem selbst die freiwilligen Helfer von der Ausbildung weglaufen, wenn nur ein Fernsehkrimi kommt? Und daß der Bundestag noch ganz und gar kein Selbstschutzgesetz verabschiedet hat, wie die Zivilschutzfibel behauptet – *In jedem großen Mietshaus oder für mehrere kleinere Häuser wird es künftig einen Selbstschutzwart geben* – weiß Höcherl das nicht? Vielleicht müßte ihm das mal einer sagen.

Das deutsche Volk ist kein Volk von Analphabeten, daß es einer ABC-Fibel bedürfte. Zwei Kriege und basta. Schlimm ist die ganze, schließlich doch ziemlich alberne Fibel nur geworden durch zwei unter den fünfzig Seiten, das ist der Beitrag mit Bild des Atomphysikers und Philosophen Carl Friedrich von Weizsäcker. Der Text ist einem Artikel der ›Zeit‹ entnommen, der 1962 erschien, als Weizsäcker das Memorandum der sieben evangelischen Theologen und Laien mitunterzeichnet hatte, ein Memorandum, das insbesondere die Informationspolitik der Regierung hart kritisierte. Seit damals wissen wir, daß Weizsäcker dem Bevölkerungsschutz das Wort redet, daß er den Weg der Anpassung, den andere eingeschlagen haben, mitgegangen ist. Gewiß, jede Regierung hat heutzutage ihre Professoren. Aber daß Höcherls Renommier-Professor Weizsäcker heißt, wußten wir nicht. Sein Beitrag in dieser Fibel macht sie scheinbar seriös, glaubwürdig, vertrauenswürdig. Und damit den Amoklauf einer nervösen Regierung, von der sich ihre Verbündeten abwenden und die jetzt wenigstens ihre eigenen Reihen fester schließen möchte, durch Atomminen an der Zonengrenze, durch Luftschutzscharaden im Innern des Landes, sprich: Russisch-Roulette mit Papierhelm.

*Eine Regierung, die ihre Verantwortung ernst nimmt, tut alles in ihrer Macht Stehende, um einen Krieg zu verhindern* – faselt die

Fibel. Wir schlagen vor, daß unsere Regierung einmal an-
fängt, ihre Verantwortung ernst zu nehmen.

*Anmerkung*
[1] Zitate aus der Zivilschutzfibel: Kursiv.

# Springer-Fernsehen

Das Fernsehen beißt nicht. Jedenfalls nicht mehr. Zumindest selten. Ich kenne Leute, die haben sich den Namen Paczensky nicht gemerkt, die sagen: Da war mal einer. Der war gut. Das war der mit dem Bart. Und fügen hinzu: Schade. Sie sitzen trotzdem jeden Abend vor dem Fernsehschirm, meckern nicht, sind müde und einverstanden.

Es wäre unbillig, vom Fernsehen mehr zu verlangen, als die übrige bundesrepublikanische Gesellschaft leistet. Einzelne mögen noch das Risiko der Isolation eingehen und sogar ungebrochen überstehen; Apparate mit Tausenden von Mitarbeitern, die keine Interessen vertreten, sondern Ansichten, verhalten sich konform zur übrigen Gesellschaft. Wenn sich die Parteien und anderen Organisationen die Zähne gezogen haben, wird eben nicht mehr gebissen. Wer sollte dann noch wen?

Vorwürfe gegen das Fernsehen gehen mit anderen Worten an die falsche Adresse. Nicht nur aus prinzipiellen Gründen, auch aus organisatorischen. Dem Fernsehrat zum Beispiel des Zweiten Deutschen Fernsehens gehören 66 Mitglieder aller politischen, sozialen und weltanschaulichen Richtungen an, Vertreter der Länder, des Bundes, der Parteien, der Kirchen, der Gewerkschaften, der Arbeitgeberverbände, der Wohlfahrtsverbände, des Sports etc. Wer das Fernsehen unterwandern will, müßte zuvor diese Institutionen unterwandern, müßte, um am Proporz zu rütteln, Wehner umstimmen oder – umgekehrt – die Gewerkschaften abschaffen. Der Proporz verbietet Einseitigkeit. Per Einerseits-Andererseits kommt freilich auch keine Klarheit ins Bild, keine Schärfe, man bleibt aber doch mit der Realität in Fühlung, wenngleich auf Kriegsfuß, aber sie bleibt gefragt. So hat Panorama sich trotzig gehalten. Das Fernsehen ist immer noch zugänglich.

Daran will Axel Caesar Springer rütteln. Er will das Zweite Deutsche Fernsehen zum Erbhof machen, unempfindlich gegen politische Veränderung auf Grund der Stabilität seiner wirtschaftlichen Macht – an der gegenwärtig auch Optimisten nicht zweifeln. Daß nicht das Werbefernsehen, sondern

Springer selbst die übrige Presse in der Bundesrepublik zu ruinieren droht, daß der Trick mit der Wettbewerbsverzerrung nur ein Trick ist, kann man in der Springer-Titelgeschichte des ›Spiegel‹ nachlesen; daß nicht die Summe der deutschen Verleger das zweite Programm machen würde, sondern Axel Caesar S. hat Haffner im ›Stern‹ klargemacht. Daß der Bund schließlich verfassungsrechtlich gar nicht die Kompetenz hat, den vorhandenen Rundfunkanstalten das Werbefernsehen zu verbieten, hat Adolf Arndt im Bundestag begründet.

Es geht um das ›Bild‹-Fernsehen. Vor diesen Karren haben sich CDU/CSU und FDP spannen lassen. Ein Beweis mehr, daß Springers Tränen am Brandenburger Tor kontinuierlich fließen – selbst ein Stück Status quo –, daß Springer der CDU sicher ist, was er nicht immer war. Bemerkenswert, daß nicht nur Regierungstreue honoriert wird, schließlich auch ›Bild‹ Angriffe auf den Bundesaußenminister, ›Bild‹-Sympathien für Strauß.

Damit nicht genug. Der Fernsehrat des Zweiten Deutschen Fernsehens, jene Vertreterversammlung der bundesdeutschen Gesellschaft, der – laut Vertrag – Richtlinien aufstellt für die Sendungen und Sorge dafür trägt, daß ein »umfassendes Bild der deutschen Wirklichkeit vermittelt werde« und daß die Berichterstattung »umfassend, wahrheitsgetreu und sachlich ist« (nun ja), soll samt ihren Intendanten ausgetrickst werden. Der Verleger- (sprich Springer-)Chefredakteur soll für alle politischen Sendungen allein verantwortlich sein. Gerade die ununterdrückte, voll ausgespielte Rolle jener Gruppen aber, die ihre Vertreter in den Fernsehrat schicken, unterscheidet den 29. vom 30. Januar 33, macht den Unterschied aus zwischen einer Bundesrepublik ohne Notstandsgesetze und einer Bundesrepublik mit. Schließlich sind sie das Bezugsobjekt des Parteiengesetzes im Grundgesetz, das heißt: »Die Parteien wirken bei der politischen Willensbildung des Volkes *mit*.« Es hieße, diese Gruppen aus einem Teil des wichtigsten Kommunikationsmittels moderner Öffentlichkeit ausschalten, es hieße, das Monopol der Parteien noch steigern.

Theodor W. Adorno: »Die Menschen haben ein Recht darauf, nicht angeschmiert zu werden.« Zusatz. »Selbst wenn sie

darauf bestehen, angeschmiert werden zu wollen.« Aber wer will eigentlich ein Springerfernsehen, außer ihm selbst und der CDU?
Die CSU.

Nr. 4, 1965

*Gert von Paczensky:* seit 1960 Leiter des ARD-Magazins ›Panorama‹; wurde wegen seiner kritischen Berichterstattung (u. a. über die »deutsche Frage«, Algerien und den Kongo) im Frühjahr 1965 seines Postens enthoben.

*Sebastian Haffner* schrieb nach seiner Trennung von der ›Welt‹ seit 1963 regelmäßig politische Kolumnen für den ›Stern‹.

*Adolf Arndt:* der »Kronjurist der SPD-Fraktion« war als Vorsitzender des Rechtspolitischen Ausschusses der SPD von 1956 bis 1966 der profilierteste Widerpart des Bundesjustizministers auf seiten der Opposition.

# Vietnam

Es sieht so aus, als würde in Vietnam die Ära Kennedy zu Grabe getragen und die Ära Dulles exhumiert. Militärisch: Die Drohung mit der Atombombe ist die Drohung mit der massiven Vergeltung; das war die Alles-oder-Nichts-Strategie von John Foster Dulles; das ist Politik am Abgrund des großen Krieges. Politisch: Johnsons Angebot, ohne Vorbedingung zu verhandeln, ist das Angebot, unter der Drohung schwerer und schwerster Waffen zu verhandeln; das ist die Politik der Stärke, für die Dulles und Adenauer eingestanden haben, nicht John Fitzgerald Kennedy. Bündnispolitisch: Die Nachricht, daß europäische Gesprächspartner von amerikanischen Diplomaten in letzter Zeit fortlaufend darauf hingewiesen werden, die Einstellung der westlichen Verbündeten zum Krieg in Vietnam sei eine Art Lackmusprobe auf ihre Bündnistreue (›Frankfurter Allgemeine‹ vom 26. April) –, läßt jenes Freund-Feind-Denken erkennen, das keine Neutralität duldet. Ein lokaler Konflikt ist zum weltpolitischen Prüfstein für das antikommunistische Stehvermögen der andern hochgespielt worden. Das hat mit Kennedys aufgeklärtem Antikommunismus nichts mehr zu tun. Vietnam, das ist nicht mehr nur ein schmutziger Krieg, Vietnam hat bereits Kreise gezogen, Vietnam ist der Rückfall in den Kalten Krieg der Ära Dulles.

Der amerikanische Außenminister John Foster Dulles selbst hat den Zeitzünder in Vietnam gelegt. 1954, im gleichen Jahr der Niederlage Frankreichs in Indochina und des Genfer Abkommens, gründete er in Manila die SEATO und dehnte in einem Zusatzprotokoll die Schutzgarantie des Manila-Paktes auf Süd-Vietnam aus. Damit war die Grenze am 17. Breitengrad zu einem Stück Eisernem Vorhang geworden. Der Weg zur Neutralität war blockiert. Indochina war zu einem Bestandteil des Ost-West-Gegensatzes geworden.

Erst Kennedys Neuinterpretation des Neutralismus, seine Bereitschaft, Neutralitätsbestrebungen zu respektieren, schuf die Voraussetzung dafür, nationale Unabhängigkeitsbewegungen außerhalb des Ost-West-Konflikts zu behandeln. Sie beruhte zugleich auf dem Verzicht auf eine Neuverteilung der ost-westlichen Einflußzonen. Sie beruhte schließlich auf der Erkenntnis, daß Militärbündnisse nicht von Dauer sind, wenn sie mit Regierungen geschlossen werden, die keine Basis in der eigenen Bevölkerung haben. Kennedy wußte, daß Antikommunismus allein einen Staat nicht bündnisfähig macht, besonders dann nicht, wenn er primär dazu dient, eine sozialreaktionäre, autoritäre Herrschaft im eigenen Land gewaltsam zu etablieren. – Er war entschlossen, die Ära Eisenhower-Dulles außen- und innenpolitisch zu beenden. Die Zeit, die er dazu hatte, war zu kurz, um Fakten schaffen zu können, die nicht wieder rückgängig gemacht werden konnten. Der Sturz des korrupten Diem-Regimes in Süd-Vietnam im Herbst 1963 schien der vorrangige Anfang einer neuen amerikanischen Süd-Vietnam-Politik zu sein, schien einen Kompromiß anzubahnen. Was seitdem in Süd-Vietnam geschehen ist, daß Dulles' Zeitzünder doch noch zum Knall geführt hat, hat Johnson zu verantworten.

Es ist schwer auszumachen, wer Johnson dazu gedrängt hat, die Kennedy-Linie, die er ursprünglich – sicherlich ehrlich – vertreten hat, zu verlassen. Daß er heute im eigenen Land dieselben Gegner hat, die auch Eisenhower und Dulles widersprochen haben, bestätigt unsere Befürchtung, daß der Krieg in Vietnam nicht nur ein Desaster, sondern eine Kehre in der amerikanischen Außenpolitik ist. Prominentester Gegner von Johnsons Vietnam-Politik ist der Senator Fulbright, der auch in der Deutschlandfrage schon des öfteren zu etwas mehr ziviler Vernunft, zu etwas weniger Starrheit geraten hat. Die Zeiten des Präsidentschaftswahlkampfes, als Barry Goldwater die Kriegspartei in Vietnam vertrat, Johnson die Friedenspartei, liegen weit zurück.

Wenn McNamara heute, nach unzähligen amerikanischen Bombenangriffen, das Einsickern nordvietnamesischer Truppen in Süd-Vietnam als Aggression bezeichnet, wenn er behauptet, es würden nur militärische Ziele bombardiert, nachdem die Bilder von zerstörten Schulen und Krankenhäusern um die Welt gegangen sind, wenn Johnson sich bei seinem Verhandlungsangebot unter der Drohung der Atombombe auf das Münchner Abkommen beruft, Ho Tschi Minh mit Hitler vergleichend, dann trägt diese Politik eher die Züge von Dulles' Formosa-Politik und seiner Libanon-

Intervention von 1958, als etwa die Züge von Kennedys Laos-Kompromiß. Hier wird ein Konflikt geschürt, nicht befriedet. – Die Militärbündnisse von John Foster Dulles wurden ohne Rücksicht auf die Interessen der Völker geschlossen. Sie werden gegenwärtig ohne Rücksicht auf die Interessen dieser Völker behauptet.

Die Folgen, die der Welt aus diesem Rückfall der amerikanischen Außenpolitik in die Zeiten des Kalten Krieges entstehen, sind noch nicht erkennbar. Zwar wird die neuerliche Dominanz eines militanten Antikommunismus' in der amerikanischen Außenpolitik die westliche Welt nicht wieder zu einem Block zusammenschweißen, denn der Ost-West-Dualismus funktioniert nicht mehr wie in den fünfziger Jahren, das aber macht die Situation – denk' ich an Deutschland – nicht weniger bedrohlich. Bonn hat sich nie ganz von der Ära Dulles, die die Bundesrepublik groß gemacht hat, losgesagt. Auch wenn der Bundestag während der Amtszeit Kennedys kein einziges Mal in Berlin getagt hat.

Es bleibt die Hoffnung, daß der Präsident Lyndon B. Johnson, der immerhin unter Roosevelt in die Politik eingestiegen ist, sein letztes Wort noch nicht gesprochen hat.

Nr. 5, 1965

*SEATO:* South East Asian Treaty Organization; der NATO entsprechendes Militärbündnis im südostasiatischen Raum.

*Barry Goldwater* war 1964 rechtsradikaler, in der Wahl gegen Lyndon B. Johnson unterlegener Präsidentschaftskandidat der USA.

*Robert McNamara*: 1966 bis 1968 Verteidigungsminister der USA, danach Präsident der Weltbank.

# Wahlen

Grass' Pathos, Augsteins Scharfsinn, Hochhuths Wut, Haffners flüssige Schreibe und die Sorgen einiger hundert und vielleicht auch tausend weiterer, sei es von Beruf, sei es durch Begabung intelligenter Leute sind darauf gerichtet, das Wahlvolk von der CDU abzulenken, eine neuerliche Regierungsbildung der Koalitionsparteien – CSU/FDP/CDU – auf Teufel komm raus zu verhindern. Der Wille, einen erneuten Wahlsieg der CDU zu verhindern, war bei ihren Kritikern selten so stark und eindeutig wie in diesem Wahlkampf. Adenauer konnte man noch sportliche Anerkennung zollen, für Erhard schämen sich selbst seine Gegner.

Kein Zweifel auch, daß das geeignete Mittel, Erhard und seine Mannschaft loszuwerden, ein überwältigender Wahlsieg der SPD wäre. Auf einen groben Klotz gehört ein mächtiger Keil. Ein überwältigender Wahlsieg der SPD würde auch die Linke, die es da noch gibt – auch sie hat freilich keine 5 Prozent im Ganzen – stärken, und eine SPD als Regierungspartei käme um den Klärungsprozeß nicht mehr herum, was sie nun eigentlich will: Rüstung oder Bildung, Rüstung oder Krankenkassenreform, Rüstung oder Straßenbau, Rüstung oder freizügiger Reiseverkehr in ganz Deutschland, Rüstung oder Friedensvertrag, Notstandsgesetze oder Pressefreiheit und Streikrecht. Bei einem überwältigenden Wahlsieg der SPD würde da auf der Seite der Vernunft einiges abfallen; Schellenberg kontra Erler, Lohmar kontra Carlo Schmid, der gescheit-unheimliche – ein bißchen ja auch unheimlich gescheite – Helmut Schmidt in der Mitten – das ginge nicht nur wehnerisch aus.

Ein Stimmengewinn der SPD, mit dem landauf landab gerechnet wird, bewirkt freilich nicht unbedingt eine Regierungsbildung dieser Partei, vielleicht nur die große Koalition, vielleicht nur, daß Wehner mit Erhard im Rücken die paar Einsichtigen, die Grassianer, die Nicht-nur-Karrieristen noch mehr an die Wand drückt, alles bliebe beim alten, und die Wohlmeinenden, wie Grass und Haffner, hätten nichts als Verwirrung gestiftet, sinnlose Frustrationen ausgelöst, den Entpolitisierungsprozeß noch befördert. Statt Öl hätten sie

Milch – sei's die der frommen Denkungsart – ins Feuer geschüttet: es stänke noch mehr.

Die Chance des Wählers, am 19. September des Jahres die Machtverhältnisse in diesem Staat zu verändern, ist relativ klein. Guten Gewissens SPD wählen, sie trotzdem wählen, obwohl sie noch nie so schlecht war wie jetzt, noch nie so viel Grund gab, sie abzulehnen, in Bausch und Bogen, wegen der Notstandsgesetze, wegen ihrem anhaltenden Antikommunismus, wegen der MLF, sie trotzdem ohne Skrupel wählen, könnte man nur, wenn man wüßte, daß sie siegt. Dann gehörte alles, aber auch alles auf diese eine Karte. Aber man weiß es nicht. Es kommt auf den Versuch an. Der kann schiefgehen. Keiner weiß, wie schief.

Ebenso schief kann es gehen, wenn diejenigen, die sich über die SPD keine Illusionen machen, so viele Skrupel haben, daß sie DFU wählen. Niemand glaubt im Ernst, daß die DFU die 5-Prozent-Hürde nimmt. Die Stimmen, die ihr zukommen, könnten genau die sein, die Brandt zum Kanzler fehlen. Das ist Günther Grass' berechtigte Befürchtung. Obwohl auch er weiß, daß ein Wahlsieg der SPD nur auf Kosten der CDU möglich ist, denn dazu bedarf es mehr Stimmen, als die paar Prozent, mit denen die DFU rechnen mag.

Mit sich selbst einigermaßen ins reine kommen kann bei dieser Wahl eigentlich nur, wer sich darüber klar bleibt, daß es nur winzige Korrekturen an der gegenwärtigen politischen Landschaft der Bundesrepublik sind, die durch die Wahl sicherlich angebracht werden, daß bei dieser Wahl nichts Großes, nur Kleines zur Entscheidung angeboten wird. Um winziger Korrekturen willen hat es einen Sinn, SPD zu wählen, einen Sinn auch: DFU. SPD, um die Linke, die es da noch gibt, zu stärken, vor allem: um die CDU einzudämmen. DFU, um diese Partei am Leben und im Bewußtsein der Öffentlichkeit zu halten, weil sie in der Notstandsdebatte – auch nach Meinung des Leitartiklers der ›Frankfurter Allgemeinen‹ damals – den Ausschlag gab, weil der SPD ein Votum für die Verfassungsänderung mit Stimmenverlusten an die DFU heimgezahlt worden wäre. Daß sie einmal in einer entscheidenden Frage die SPD bei ihrer Umarmungstaktik gegenüber der CDU gebremst hat, gibt ihrer bisherigen Existenz eine Rechtfertigung. Eben dies spricht auch dafür, diese Partei, obwohl sie keine Chance hat, in den Bundestag einzuziehen, zu erhalten. Trotz aller berechtigten Vorbehalte.

Bei diesen Bundestagswahlen werden nicht nur deshalb keine großen Entscheidungen fallen, weil die großen Parteien keine Alternativen bieten, sondern auch deshalb, weil es ihnen gelungen ist, aus dem Wahlkampf alle politischen Erwägungen zu eliminieren, über sie ein Tabu zu verhängen, den Wahlkampf zu einem absolut schmutzigen Geschäft herabzuwürdigen, in dem die ernsten, jenseits des Show-Geschäfts liegenden Fragen deutscher Politik ausgeklammert wurden, unter dem Vorwand: damit sie nicht beschmutzt würden. Auch hier verdient die SPD kein gutes, sie ausnehmendes Wort. Die vornehme Gelegenheit, die politischen Fragen des Tages und der Zukunft einer breiten Öffentlichkeit bewußt zu machen, Antworten zu geben, Denkprozesse in Gang zu setzen, über die weltpolitische Bedeutung von Passierscheinabkommen, über die Problematik des Urteils im Auschwitz-Prozeß, über die Notwendigkeit von Abrüstung, über den Wahnsinn eines Krieges – diese Gelegenheit wurde verpatzt. An ihrem Wahlkampf sollt ihr sie erkennen. Kennedy führte einen politischen Wahlkampf zur Vorbereitung einer neuen Politik. Wer beim Wähler auf Nummer sicher geht, von dem ist nichts Neues, Großes, Überraschendes zu erwarten. Dabei ist komisch und peinlich nicht nur, daß alle Parteien für »Sicherheit« plädieren, sondern daß selbst da, wo von Hochpolitischem die Rede ist, offen bleibt, was gemeint ist: Ob Frieden oder soziale Sicherheit, oder Sicherheit im Bunker, oder im Straßenverkehr, im Dunkeln, in Berlin, im Umgang mit Freiheit, für werdende Mütter, am Arbeitsplatz – es ist nur ein blödes Wort, demoskopisch durchgetestet, so viel wert, wie die Flöte des Rattenfängers von Hameln, nun lauft hinterher, egal wohin.

Die Chance, daß sich nach dem 19. September Entscheidendes ändert, ist klein. Skrupellos kann man weder wählen noch nicht wählen. Man kann nur die Parteien, die nach dem 19. September in den Bundestag einziehen, über diese Skrupel auf dem laufenden halten. Stichworte: Notstandsgesetze, atomare Mitbestimmung, Kalter Krieg. Denn das hat auch Grass nicht gemeint, als er für Brandt in den Wahlkampf zog. Das nicht.                    Nr. 9, 1965

Am 19. September 1965 fanden Bundestagswahlen statt, Ludwig Erhard wurde Bundeskanzler.

*Ernst Schellenberg* war über lange Jahre der führende Sozialpolitiker in der SPD.

*Fritz Erler:* seit 1964 Fraktionsvorsitzender der SPD.

*Ulrich Lohmar:* Bundestagsabgeordneter, Bildungs- und Wissenschaftsexperte der SPD; von 1954 bis 1967 Chefredakteur der SPD-Zeitschrift ›Die Neue Gesellschaft‹.

*Carlo Schmid:* damals Vizepräsident des Bundestags und stellvertretender Vorsitzender der SPD-Bundestagsfraktion. Einer Meinungsumfrage von 1965 zufolge galt er als der dem Ideal am meisten entsprechende deutsche Politiker.

*MLF:* multilateral force; sie sollte aus Kriegsschiffen der westeuropäischen Armeen bestehen, die als zivile Frachter getarnt, in Wirklichkeit aber mit Raketen und Kernwaffen ausgerüstet sein sollten. Auf diese Art sollten die europäischen Militärs an den amerikanischen Atomwaffen beteiligt werden – allerdings unter Regie und Entscheidungsbefugnis der USA. Für die Bundeswehr war das die einzige Möglichkeit, an Atomwaffen heranzukommen. Der Plan scheiterte an Frankreich und Großbritannien: sie verfügten inzwischen über eigene Atomstreitkräfte.

In ihrem Grundsatzprogramm trat die 1960 gegründete *Deutsche Friedens-Union* (DFU) für ein militärisch neutrales Gesamtdeutschland ein. Nach ihrem Scheitern an der Fünfprozentklausel unterstützte sie seit Ende der 60er Jahre die DKP.

Das *Passierscheinabkommen* ermöglichte den Bewohnern Westberlins zu bestimmten Zeiten (wie Ostern oder Weihnachten) die Verwandten in Ostberlin zu besuchen.

Im Frankfurter *Auschwitz-Prozeß* wurden im August 1965 nach zwanzigmonatiger Verhandlung nur sechs Angeklagte zu lebenslanger Haft verurteilt. Drei Angeklagte wurden freigesprochen, elf erhielten Zuchthausstrafen zwischen drei und vierzehn Jahren.

# Passierscheine

Willy Brandt hat die Passierscheinverhandlungen aus dem Wahlkampf herausgehalten. Wahltaktisch war das einer unter vielen Fehlern, die die SPD begangen hat, indem sie einen Wahlkampf ohne politische Alternative führte. Ohne den Aufwand mächtiger politischer Energien konnte kein politischer Erdrutsch bewirkt werden. Die Erwartung, das Wahlvolk werde der SPD den Wahlsieg aufzwingen, war zu hoch gewesen. Die Bevölkerung kann nicht besser sein als ihre Parteien. Das mag die SPD für 1969 – sofern wir dann noch einmal wählen dürfen (wirklich sicher ist das nicht) – beherzigen. Berlinpolitisch dagegen hat Brandt weise, vor allem weitsichtig gehandelt.

Passierscheinverhandlungen als Wahlkampfthema hätten die CDU wahrscheinlich zu aller antikommunistischen Demagogie verleitet, deren sie fähig ist, das hätte die Verhandlungen erschwert, wenn nicht gar platzen lassen. Als Brandt im August den Bonner Einwänden gegen den Ostberliner Vorschlag nachgab, ging er das Risiko eines vertraglosen Zustandes zwischen dem am 24. September abgelaufenen Abkommen und einer neuen Vereinbarung ein, an der zur Zeit noch gearbeitet wird. Das Risiko schien ihm kleiner als eine Wahlniederlage, die als Plebiszit gegen die Berliner Verhandlungen hätte ausgelegt werden können. Der 19. September hat ihm recht gegeben. Das Wahlvolk hat Brandt in die Wüste geschickt. Brandt aber ist es gelungen, in Berlin freie Hand zu behalten. Die Politik der kleinen Schritte – in Bonn durch das Tauziehen um Mende und Schröder heftig umstritten – ist in Berlin nicht unter die Räder gekommen.

Nach Gegenstand und Stil sind die Berliner Passierscheinverhandlungen ein Rest jener weltpolitischen Konstellation, die so viele Hoffnungen enthielt, von der personell und sachlich nichts – außer Willy Brandt – übriggeblieben ist: der Konstellation von Camp David – das war die Begegnung zwischen Eisenhower und Chruschtschow im Herbst 59 – und Wien, der Blitzbegegnung zwischen Chruschtschow und Kennedy, kurz nach Kennedys Amtsantritt, im Frühling 61. Damals setzte man sich – wie jetzt noch in Berlin – an den

Verhandlungstisch, auch wenn man des Ergebnisses nicht sicher war, mit einer Konzeption statt Vorbedingungen, mit einem Verhandlungsziel, ohne Pokern um Prestige. Es dürfte kein Zufall sein, daß der Anfang der Berliner Passierscheinverhandlungen, die damals innerhalb 12 Tagen zum Erfolg führten, in den Dezember 1963 zurückreicht, als Kennedy zwar schon tot, seine Politik aber noch maßgeblich war.

Es gehört zu dieser Politik, daß unter Ausschluß der Öffentlichkeit verhandelt wird – Beifalls- sowie Mißfallensbekundungen sind unerwünscht –, es gehört zu dieser Politik, daß bei Nichteinigung nicht öffentliche Beschuldigungen, sondern neue Termine gemacht werden, daß sachfremde Argumente und Grundsatzfragen ausgeklammert, ja umgangen werden; es ist das Prinzip Chruschtschow-Kennedyscher Politik, daß man selbst seinem politischen Gegner politische Vernunft zutraut, wo auf Gegenseitigkeit beruhende Interessen zur Verhandlung stehen.

Den Berliner Passierscheinverhandlungen mag freilich auch genützt haben, daß die davon betroffene Bevölkerung durch keine Verhandlungskomplikation verwirrt werden kann, daß sie das Ziel im Auge behält, weil es einfach und klar ist, und insofern die Gesprächspartner abschirmen konnte vor bösartigen Interventionen aus Ost und West. So hat der Osten seine Wohlverhaltensklausel, die sich wohl hauptsächlich gegen Berliner Bundestagssitzungen richtete, wieder fallengelassen – es war eine Prestigeklausel –, und der Westberliner Senat hat den Ost-Entwurf vom 16. August, der keine Herbstregelung vorsieht und keine automatische Verlängerung, in Erwägung gezogen, auf Vorschußlorbeeren für Wohlverhalten durch ein Dauerabkommen verzichtend, auch das: ein Prestige-Verzicht. Dagegen fanden die Indiskretionen der Passierscheingegner in Bonn – Krone und Westrick dementierten – kein freundliches Presseecho; Mende wagte sogar den Vorschlag, wegen des Bruchs der Vertraulichkeit strafrechtlich gegen Unbekannt vorzugehen. – Die 89 Prozent der Berliner Bevölkerung und die gleichfalls demoskopisch ermittelten 85 Prozent im Bund, die an den Passierscheinverhandlungen interessierten Anteil nehmen, vermochten sie vor den Unbillen des Kalten Krieges zu schützen, erfolgreich bisher.

Die Frage, wie es in Berlin weitergeht, ist gegenwärtig eine Gleichung mit mehreren Unbekannten: Noch steht Erhards Kabinett nicht, offen ist auch, ob Brandt an einer engen Zusammenarbeit mit Bonn um jeden Preis festhalten wird.

Wenn Mende wieder gesamtdeutscher Minister wird – im Programm seiner Partei steht immer noch der Vorschlag, gesamtdeutsche Kommissionen zu bilden zur Lösung finanzpolitischer, handelspolitischer, verkehrspolitischer und anderer innerdeutscher Probleme – und Schröder wieder Außenminister – dessen Handelsmissionen in Ostblockstaaten das außenpolitische Ergebnis der Politik der kleinen Schritte sind – wäre eine Zusammenarbeit mit Bonn immer auch ein Fuß in der Tür der Bonner Außenpolitik, ein bißchen Einfluß zugunsten Ausgleich, Entspannung und Abrüstung, nützliche Synchronisation zwischen Berlin und dem Bund. Wenn sich dagegen die Gruppe Barzel-Strauß-Westrick und der Alt-Adenauer-Gardist Krone durchsetzen, dann könnte es bei allzuviel Zusammenarbeit zwischen Berlin und Bonn um die Passierscheinverhandlungen geschehen sein. Dann wäre Brandt besser beraten, seinen Weg alleine als gar nicht zu gehen.

Wenn es in den Berliner Passierscheinverhandlungen in erster Linie darum geht, daß einige hunderttausend Westberliner zu Weihnachten und hoffentlich auch zu Ostern wieder in den Osten fahren können, so geht es doch nicht weniger darum, daß Berlin neben Genf der einzige Ort in der Welt ist, wo Ost und West noch am Verhandlungstisch sitzen, im Gespräch sind, Kompromisse finden, nicht locker lassen, in der Form menschenwürdiger Konventionen miteinander umgehen. Es ist eine Position von weltpolitischem Rang, die Brandt in Berlin wahrnimmt. Es bleibt zu wünschen, daß er sich dabei von Bonn nicht aus dem Konzept bringen läßt.

Nr. 10, 1965

*Ludger Westrick* (CDU) war enger wirtschaftspolitischer Vertrauter von Kanzler Erhard und Bundesminister »für besondere Aufgaben«.

*Heinrich Krone* (CDU): einer der engsten Berater Adenauers (»Im Falle eines Falles leimt Krone wirklich alles«) und später als Minister für Berlin-Fragen zuständig.

## Schlagabtausch oder Redneraustausch?

Wir fanden es legitim, daß die SPD den Redneraustausch zum Anlaß nahm, sich selbst innenpolitisch ins Spiel zu bringen. Machtstreben korrumpiert nicht Überzeugungen (sofern welche vorhanden sind), im Gegenteil: Machtstreben und Parteiegoismus tragen dazu bei, Überzeugungen glaubwürdig zu machen. Es war auch einzusehen, warum die SPD in ihre Briefe an die SED ein Übermaß an Antikommunismus einbaute: Das schien der Versuch, sich vor Tiefschlägen von rechts zu schützen, die Vorbereitung des Redneraustausches vor denen, die ihn nicht wollen, abzusichern. Inzwischen aber ist die Rede vom »Schlagabtausch« nicht mehr nur ein taktischer Trick, vielmehr beherrscht dies Wort die bundesrepublikanische Diskussion, die Politik des Redneraustausches scheint von ihren Gegnern schon unterwandert zu sein.

Wer den Schlagabtausch will, braucht keinen Redneraustausch. Wer nichts anderes will, als den SED-Kommunisten eine Niederlage bereiten (›FAZ‹ am 28. Mai: »Um die höchsten kommunistischen Führer der Sowjetzone ... vor den Augen der Nation aufs Haupt zu schlagen ...«), braucht nicht nach Chemnitz zu fahren, kann das mit Querelen über Verhandlungsort und freies Geleit von hier aus erledigen. Wer die Anerkennung des Status von Berlin als Teil der Bundesrepublik und des Alleinvertretungsanspruchs der Bundesrepublik für ganz Deutschland zur Vorbedingung macht, will keinen Redneraustausch. Daß es beim Scheitern der Verhandlungen ein leichtes sein wird, den Schwarzen Peter der kommunistischen Seite zuzuschieben, dürfte nach 50 Jahren Antikommunismus im bürgerlichen Deutschland selbstverständlich sein.

Wenn die SED-Funktionäre trotzdem einigermaßen hartnäckig weiterverhandeln, so deshalb, weil sie kaum etwas zu verlieren, wohl aber eine Menge zu gewinnen haben: In ihrem Interesse liegt eine Auflockerung der erstarrten Fronten; die Chance, im deutschen Fernsehen zu erscheinen, ist die Chance, ein wenig sympathischer und vernünftiger zu erscheinen, als es das bundesrepublikanische Bild von ihnen vorschreibt; der Redneraustausch – ganz ohne Anerkennung der DDR und ohne eine einzige Annäherung der Meinungen – vergrößerte doch den Bereich, in dem informelle Kontakte möglich würden; er würde – mit einem Wort – das DDR-Regime ein bißchen entzaubern. Nur so aber hätten die politischen Forderungen der DDR überhaupt eine Chance, in der bundesrepublikanischen Öffentlichkeit zur Kenntnis genommen zu werden: Atomwaffenverzicht in ganz Deutschland; Anerkennung der bestehenden Grenzen; Gewaltverzicht und Annäherung beider deutscher Staaten im Rahmen einer Konföderation. Solange es nur antikommunistische Rhetorik ist, die den SED-Unterhändlern entgegenschlägt, solange können sie verhandeln, um den Redneraustausch zu retten, und werden es vermutlich auch tun. Erst wenn zur Bedingung des Redneraustausches die Aufgabe ihrer politischen Ziele gemacht wird, werden sie sich zurückziehen. Deshalb ist es heute (am 20. Juni) noch nicht abzusehen, ob Essen und Chemnitz scheitern oder gelingen werden.

Immerhin – die SPD sitzt selbst unter Druck. Allzu lange und allzu gründlich hat sie sich an der Gleichsetzung von entspannungsfreundlicher und kommunistischer Politik beteiligt. Ihre Verketzerung des eigenen Deutschlandplans, der Ostermarschierer und neuerdings der Notstandsgesetzgegner hat sie in die Zwangslage manövriert, vom Beifall der CDU abhängig geworden zu sein, unabhängige Politik überhaupt nur noch machen zu können, indem sie sich die politischen Ziele der CDU zu eigen gemacht hat. Die Frage ist, ob sie aus dieser Sackgasse heraus kann, ob es für sie einen politischen Weg gibt, der zwischen den Fronten, die immerhin von Regierungsparteien repräsentiert werden, hindurchführt.

Der Beweis, den die SPD jetzt öffentlich führen müßte, mit dem sie sich vom Beispiel der ›Frankfurter Allgemeinen‹ zum geplanten Redneraustausch befreien und den Redneraustausch doch durchführen könnte, ist der, daß nationale Politik in Deutschland, Atomwaffenverzicht, Gespräche mit DDR-Politikern, Vorbereitung eines Friedensvertrages die freiheitlich-demokratische Ordnung *nicht* in Frage stellen. Der Beweis wäre der, daß Alleinvertretungsanspruch und Viermächteverantwortung für Deutschland eben *nicht*, wie die ›FAZ‹ behauptet, »dem politischen und gesellschaftspolitischen Antagonismus der beiden Landesteile entsprechen:

dem ... freiheitlich geordneten ... und dem kommunistisch beherrschten« (Leitartikel vom 16. Juni), sondern lediglich dem Gesellschaftsbild der CDU und ihrer Politik gegenüber der DDR. Die SPD muß heraus aus der Täuschung: Was dem Osten nützt, schadet dem Westen. Die Alternative ist: Was dem Frieden in Deutschland nützt, nützt beiden Systemen. Der Schaden trifft höchstens die etablierte Macht der CDU.

Daß die SPD keine antikapitalistische Partei mehr ist, ist kein Grund, vor der in Sachen kapitalistischer Politik erfahreneren CDU zu kapitulieren. Die Behauptung, der Ost-West-Gegensatz in Deutschland sei der Klassengegensatz in Deutschland, CDU-Politik die einzige Möglichkeit nicht kommunistischer Politik (siehe ›FAZ‹), dient doch nur dazu, die SPD auf die Politik der CDU festzunageln. Merkt die SPD das nicht? Merkt sie nicht, daß man ihr damit den Redneraustausch vermasselt, die Chance, sich innenpolitisch aufzuwerten, Brandt zum Staatsmann zu machen? Oder hat Herbert Wehner nur deshalb mit der SED korrespondiert, um sie einmal mehr reinzulegen, um sich selbst einmal mehr koalitionsfähig zu machen?

Der, der auszieht, das Fürchten zu lernen, müßte zur Zeit in die Bundesrepublik kommen. Zum NPD-Parteitag, zum Sudetendeutschen-Treffen, nach Bonn, wo Barzel der Welt den Frieden um den Preis der DDR anbietet. Die SPD hätte mit dem Redneraustausch die Chance, sich von dem so beladenen Karren endlich wieder abzuspannen. Gespräche mit der SED, in denen davon zu reden wäre: Wie soll eine Konföderation in Deutschland überhaupt technisch aussehen? Unter welchen Bedingungen könnte es freien Reiseverkehr geben? Wie könnte ein mitteleuropäisches Sicherheitssystem funktionieren? etc. – Solche Gespräche gäben der SPD wieder eigenständiges Gewicht. Gespräche, die auch zu einem Informationsaustausch führen könnten, z. B. darüber, ob und wie wahr es ist, was Hans Magnus Enzensberger behauptet, daß die Bundesrepublik gemeinsam mit Südafrika Atomwaffen produziert; was der Sowjetunion zu der Verdächtigung Anlaß gab, spaltbares Material in der Bundesrepublik würde nicht nur für friedliche Zwecke verwendet.

Die SPD macht sich mit der SED nicht gemein, wenn sie mit ihr verhandelt. Sie hat es deshalb auch nicht nötig, sich mit der CDU gemein zu machen und kann sehr wohl auf deren Beifall verzichten. Sind ihre Minderwertigkeitskomplexe denn so stark, daß sie nicht merkt, daß sie nicht mit, sondern nur gegen die CDU etwas werden kann? Ist die Bundesrepublik schon so isoliert, daß selbst die SPD nicht merkt, wie stark der außenpolitische Beifall wäre, wenn sie eine anti-isolationistische, eine Anti-Hallstein-, eine anti-antikommunistische Politik machen würde? Soll Barzels Pseudo-Initiativen die deutsche Politik überlassen bleiben? Hat die SPD das nötig?

Nr. 7, 1966

Am 26. März 1966 hatte das ZK der SED in einer Mitteilung an die Delegierten des Dortmunder SPD-Parteitages und »an alle Mitglieder und Freunde der Sozialdemokratie Westdeutschlands« vorgeschlagen, auf Parteiveranstaltungen die Redner zu tauschen. In Karl-Marx-Stadt (Chemnitz) sollten Vertreter der SPD, in Essen der SED, »das Wort ergreifen«.

# Kuli oder Kollege?

*Gastarbeiter in Deutschland*

Millionen ausländische Arbeiter leben gegenwärtig in der Bundesrepublik. 390 000 Italiener, 194 000 Griechen, 178 000 Spanier, 160 000 Türken, 60 000 Jugoslawen, 21 000 Portugiesen u. a. Im Juni 1961 waren es erst 500 000, jetzt sind es 1,2 Millionen. Über ein Drittel von ihnen arbeitet in der Metallindustrie – fast jeder 10. Metallarbeiter ist ein Ausländer –, über 300 000 sind im Verarbeitenden Gewerbe beschäftigt, über 200 000 im Baugewerbe. 330 000 von den 1,3 Millionen sind Frauen. Schwerpunkte der Ausländerbeschäftigung sind Nordrhein-Westfalen und Baden-Württemberg, dann Hessen und Bayern. Fast 70 000 Ausländer leben im Arbeitsamtsbezirk München, 65 000 in Stuttgart, 56 000 in Frankfurt, 35 000 in Köln. 5,4 Prozent aller Arbeitnehmer in der Bundesrepublik sind Ausländer[1].

## Der 13. August

Die ungünstige Altersstruktur der bundesdeutschen Bevölkerung, Bundeswehr und Schuljahrverlängerung haben zu dem Arbeitskräftemangel geführt, der die Ausländerbeschäftigung notwendig machte. Last but not least der 13. August 1961, wozu Valentin Siebrecht, der Präsident des Arbeitsamtes Südbayern mitteilt: »Die Ausländer sind an die Stelle der Zuwanderer aus der Sowjetzone getreten, von denen bis zum Jahre 1961 jährlich 150 000 bis über 300 000 im Bundesgebiet eingegliedert worden sind, zum größten Teil Arbeitnehmer im besten Leistungsalter.«[2] Man rechnet bis 1970 mit einem weiteren, ungedeckten Arbeitskräftebedarf von 400 000.

## Sozialversicherung

Zwischenstaatliche Vereinbarungen zwischen der Bundesregierung und Italien, Griechenland, Spanien, der Türkei und Portugal regeln Einreisebedingungen, Anwerbebedingungen, die Tätigkeit der deutschen Kommissionen in diesen Lan-

97

dern, die versicherungsrechtliche Lage der Rückwanderer etc.
Ausländer aus EWG-Ländern haben nach einjährigem Aufenthalt in der Bundesrepublik das Recht zu unbeschränkter Aufenthaltsdauer, Ausländer aus Drittländern erwerben dieses Recht erst nach drei Jahren. Die versicherungsrechtliche Lage von Ausländern, deren Herkunftsland weder der EWG angehört noch eine zwischenstaatliche Vereinbarung mit der Bundesrepublik getroffen hat, ist ungeklärt. Das trifft besonders Marokkaner und Jugoslawen. Sie können nicht damit rechnen, daß ihnen die Sozialversicherungsbeiträge, die sie in der Bundesrepublik zahlen, in ihren Heimatländern angerechnet werden. Sie können sich, wie jeder deutsche Arbeitnehmer auch, bei weniger als 5jähriger Tätigkeit in der Bundesrepublik den Arbeitnehmeranteil ihrer Versicherungsbeiträge zurückzahlen lassen.

Organisator der gesamten Ausländerbeschäftigung in der Bundesrepublik ist die Bundesanstalt für Arbeitsvermittlung und Arbeitslosenversicherung und die ihr unterstehenden Arbeitsämter in Bund und Ländern. Die Deutschen Anwerbekommissionen im Ausland arbeiten im Auftrag der Bundesanstalt.


*Ausländergesetz*

Die Fragen der Aufenthalts- und Arbeitserlaubnis, Ausweisungsgründe und Rechtsstatus der ausländischen Arbeiter in der Bundesrepublik regelt das Ausländergesetz, das am 1. Oktober 1965 in Kraft trat. Das Ausländergesetz verbietet u. a. politische Betätigung, wenn diese »mit dem Völkerrecht nicht vereinbar ist, die freiheitlichen demokratische Grundordnung gefährdet oder bestimmt ist, Parteien, andere Vereinigungen, Einrichtungen oder Bestrebungen außerhalb des Geltungsbereiches dieses Gesetzes zu fördern, die mit Verfassungsgrundsätzen der freiheitlichen demokratischen Grundordnung nicht vereinbar sind« (§ 6,3). Dieser Passus steht allerdings in Kontrast zu einem Urteil des Bundesgerichtshofes vom 25.7.1963, wo es heißt: »Eine ausländische Kommunistische Partei, die unter den in der Bundesrepublik weilenden Angehörigen ihres Heimatlandes tätig wird, ist nicht schon deshalb eine verfassungsfeindliche Vereinigung, weil sie der ›kommunistischen Weltbewegung‹ angehört und entsprechend ihrer gegen alle ›kapitalistischen‹ Länder gerichteten Grundhaltung kommunistische Thesen übernimmt, die sich u. a. auch gegen die Bundesrepublik richten. Es muß vielmehr hinzukommen, daß sie nach ihren Zwecken (sei es auch nur nach einem Nebenzweck) oder in ihrer Tätigkeit gerade auf die Beseitigung oder zumindest Untergrabung der verfassungsmäßigen Ordnung der Bundesrepublik grundsätzlich und dauernd abzielt.«[3] Daß das Ausländergesetz darauf zielt, unerwünschte politische Aktivität insbesondere ausländischer Arbeiter einzuschränken, dürfte klar sein. Wie die Rechtsprechung sich zwischen Ausländergesetz und BGH-Urteil verhält, ist noch nicht klar.

## EWG

Die Rechtsstellung ausländischer Arbeiter im Betrieb hat für die EWG-Ausländer der Rat der Europäischen Wirtschaftsgemeinschaft in seiner Verordnung 38 vom 25.3.1964 geregelt. Diese Verordnung gibt EWG-Ausländern u. a. das Recht, sich nach dreijähriger Betriebszugehörigkeit auch in den Betriebsrat wählen zu lassen. Ausländer aus Drittländern können nur dann in den Betriebsrat gewählt werden, wenn die Mehrheit der Belegschaft und der Arbeitgeber ihrer Kandidatur zustimmt (Arbeitgeberveto). Nach Mitteilung der IG-Metall sind bei den Betriebsrätewahlen 1965 in der Metallindustrie knapp 40 000 Betriebsratsmitglieder gewählt worden, davon 84 Italiener, 22 andere EWG-Ausländer, 8 Griechen, 3 Spanier, 14 sonstige. Eigene Sprecher haben die Ausländer in den Betrieben nicht. Verhandlungen mit ihnen werden – zumindest in Großbetrieben – vermittelst der Dolmetscher geführt, die auf Grund ihrer Sprachkenntnisse und als Angestellte des Betriebes privilegierte Stellungen einnehmen, weshalb man auf Arbeitgeberseite meistens mit ihnen zufrieden ist, auf Arbeitnehmerseite nicht.

## Gewerkschaften

Der Stand ihrer gewerkschaftlichen Mitgliedschaft ist unübersichtlich, unseren Informationen nach ist er in der IG-Metall am höchsten. Im übrigen geben der DGB und die Einzelgewerkschaften fremdsprachige Mitteilungsblätter heraus. Für gewerkschaftliche Vertrauensleute, Betriebsratsmitglieder und Dolmetscher in den Verwaltungsstellen werden Schulungskurse veranstaltet, zum Zweck gewerkschaftlicher und betrieblicher Zusammenarbeit zwischen deutschen und ausländischen Arbeitern. Dabei kann man in Gewerkschaftskreisen Klagen darüber hören, daß die Betreuungsstellen der freien Wohlfahrtsverbände – die Innere Mission kümmert sich um die Griechen, die Caritas um Spanier, Italiener, Portugiesen, die Arbeiterwohlfahrt um die Mohammedaner – bei den Ausländern die Illusion weckten, sie könnten ihnen bei innerbetrieblichen, arbeitsrechtlichen Auseinandersetzungen behilflich sein, wozu nur die Gewerkschaften fähig und berechtigt sind. Auch gegen die ausländischen Konsulate und ihre Kommissionen bei den deutschen Arbeitsämtern wird dieser Vorwurf erhoben.

## Krankenstand

Das Gerücht, die ausländischen Arbeiter nutzten die deutsche Sozialversicherung aus und hätten einen hohen Krankenstand, ist widerlegt: Nach Erhebungen der Bundesanstalt in Nürnberg vom 1. Oktober 1965 lag der Krankenstand der Ausländer mit 5,75 Prozent unter dem Krankenstand aller Versicherten, der betrug 6,23 Prozent. Die Italiener hatten mit 4,99 Prozent den niedrigsten Krankenstand.

## TBC

Daß ausländische Arbeiter unter einer erhöhten TBC-Anfälligkeit leiden, beruht nicht auf einer »überraschenden Entwicklung«, die jetzt erst durch »systematische Röntgen-Reihenuntersuchungen offenbart worden« ist, wie der niedersächsische Sozialminister Partzsch meint[4], sondern ist seit eineinhalb Jahren Vortrags- und Verhandlungsgegenstand wissenschaftlicher Kongresse und Gesellschaften. Die Krankheit wird nicht eingeschleppt, sie flackert erst im zweiten und dritten Aufenthaltsjahr auf und wird als Folge mangelnder Anpassung angesehen, klimatisch, arbeitsmäßig, ernährungsmäßig. Der niedersächsische Sozialminister bereitet einen Erlaß zu verschärfter röntgenologischer Kontrolle vor. Die zum Teil katastrophalen Arbeits- und Unterbringungsbedingungen für ausländische Arbeiter werden als mögliche Erkrankungsursache nicht – übrigens nirgends – genannt.

## Kindergeld

Das Gerücht, die Ausländer bezögen unverhältnismäßig viel Kindergeld, ist ebenfalls falsch. Während der Ausländeranteil an der gesamten Arbeitnehmerschaft 5,4 Prozent ausmacht, erhalten nur 3,7 Prozent aller kindergeldberechtigten Ausländer Kindergeld für ihr zehntes bis vierzehntes Kind. Bei den Deutschen gibt es einzelne mit 15, 16 und 17 Kindern, die Spitze bei den Ausländern liegt bei 14 Kindern, der Mann ist Holländer.

## Löhne

Von der Behauptung, die ausländischen Arbeiter drückten die deutschen Löhne, wird gegenwärtig nicht einmal bei den Gewerkschaften Gebrauch gemacht, sie ist aber nicht aus der Luft gegriffen. Das Deutsche Institut für Wirtschaftsforschung in Berlin teilt dazu mit: »Bei einer sich hier und da abzeichnenden Ablehnung des anhaltenden Zustroms von Gastarbeitern muß man sich klar darüber sein, daß mit einem vom Ausland abgeschlossenen Arbeitsmarkt der Lohndruck in der Bundesrepublik infolge verstärkter Konkurrenz der Unternehmen um das einheimische Kräftepotential noch erheblich stärker werden würde. Dieser erhöhte Kostendruck könnte auf die Konkurrenzfähigkeit der westdeutschen Unternehmen sowohl an den Auslandsmärkten wie im Inland kaum ohne Einfluß bleiben und würde auf die Dauer eine zunehmende Zahl von Grenzproduzenten zwingen, ihre Erzeugung einzustellen.«[5]

## Kriminalität

Daß die Kriminalität unter den Ausländern größer sei als unter den Deutschen, stimmt bedingt. In den Kategorien

Mord und Totschlag, Zuhälterei und Raub liegen ihre Quoten unverhältnismäßig hoch. Dabei handelte es sich in allen acht Fällen von Mord und Mordversuch, die die Stadt Köln im Jahr 1964 bei ausländischen Arbeitern feststellte, ausnahmslos um Frauengeschichten, meist um Prostituierte. Daß ausschließlich Ausländer gegen Paßgesetze etc. verstoßen, versteht sich von selbst. Bei allen andern Delikten lag die Quote der Nichtdeutschen unter der der Deutschen.[6]

Bis hierher haben wir es mit dokumentarisch und statistisch erwiesenen Tatbeständen zu tun, kommensurabel und jederzeit von jedermann nachprüfbar. Es schien mir richtig, dieses Minimum an Fakten vorzulegen, um das, was im folgenden zu sagen ist, übersichtlich zu halten.

## Die Luke

»Sehen Sie sich unsere Griechenlager ruhig an«, hatte der Betriebsleiter zu mir gesagt. »Machen Sie das. Sehen Sie sich die Schweinerei an. Betten nicht gemacht. Das Arbeiten nicht gewöhnt. Hauen sich auf den Strohsack. Beim Kommiß schließlich auch die Betten selber. Wäre ja noch schöner: Deutsche Reinemachefrau! Trauriges Kapitel. Bei den Frauen geht's noch. Aber bei den Männern ...«

Ich war die sechs Treppen hochgestiegen – schmal, aus Stein, voller Kippen, Abfälle, Papier, Kehricht. Seit Jahren weder gestrichen noch waren die Fenster geputzt. (Als ich ein paar Wochen später wieder da war, um dem Zustand der Treppe auf einem Fernsehfilm Dauer zu verleihen, war sie sauber. Für den Abend wurde gerade ein Mitglied der griechischen Kommission vom Hamburger Arbeitsamt erwartet. Ein Kontrollbesuch.) – Oben ein langer Flur, rechts und links Zimmer, dann eine Wand, die die Frauenseite von der Männerseite trennt. In der Wand eine verschlossene Tür. Würde sie illegal geöffnet, dann ginge auf dem Werksgelände eine Sirene los, wären Peterwagen zur Stelle, eher als die Männer bei ihren Frauen. Weil aber ein Teil der 150 Männer mit einem Teil der 30 Frauen auf der anderen Seite verheiratet ist, hat man in die Wand eine Luke gebaut, hochdeutsch: Anrichte. »Man muß ja Verständnis für die Leute haben. Man kann ja nicht so sein.«

Natürlich besuchen die Männer ihre Frauen trotz grie-chisch-deutscher Verbotsschilder, und die Werksleitung hütet sich davor, einzugreifen. »Das verdirbt die Stimmung im Betrieb.«

»Ja, und sonntags ist mein Mann da, auch samstags, und dann reden wir, und dann sagt die da drüben, warum ist dein Mann da, mein Mann ist auch nicht da. Weil sie will, daß wir still sind. Und auf dem andern Bett sitzt vielleicht auch eine mit ihrem Mann und noch eine. Und dann sitzen wir da und möchten mit unserem Mann irgendwo hingehen und haben nichts hinzugehen. Dann gehen wir ins Kino oder in die Stadt und reden über alles.«

Im neunten Monat schwanger jetzt: »Wir kriegen kein Zimmer. Und mit Kind? Das Kind kommt zu einer Frau. Ich werde sehen.« Sie will nicht nach Hause fahren. Sie will bei ihrem Mann bleiben. Wo sie wohnen wird in den acht Wochen nach der Entbindung, weiß sie nicht. Sie sagt im Heim, sie nennt den Namen einer Klinik, sie ist ganz sicher, daß sich alles finden wird. Sie hat ihre Auskünfte von einer anderen Griechin, die hat das so gemacht. Wie genau – das weiß sie nicht, aber genauso wie die wird sie es auch machen. Ihre Sache ist unsicher. Sie ist sich ihrer Sache sicher.


## Trostlos

Sieht man einmal davon ab, daß man, wenn man zehn, zwanzig oder dreißig Ausländerunterkünfte besichtigt hat, daß man dann die Nase voll hat von verkochtem Huhn, ver-bruzzeltem Fisch, verdampfendem Öl, sieht man mal von den Gerüchen ab, dann bleibt das Bild grauer Trostlosigkeit, das Ausländerunterkünfte bieten. Baracken in matschigem Stadtrandgelände, umgeben von Stacheldrahtzaun; Baracken an ausgebauten Straßen mit Stacheldrahtzaun, Schranke, Pförtner und Parkplätzen; Baracken auf Werksgelände. Aus-gebaute Lagerräume unter Fabrikdächern, Scheunen, ausge-baute Kinos, ausgebaute, weil baufällige Schlösser und Rui-nen, Bauhütten. Mit und ohne fließendes Wasser, mit und ohne fließend warm und kalt Wasser. Mit Plumpsklo und mit WC. Und natürlich auch moderne Hochhäuser, hygienisch perfekte Männersilos und Frauenghettos. Betten übereinan der und Betten nebeneinander. Drei Mann pro Zimmer und sechs, acht und zehn. Mit einem Spind pro Mann oder einem Schrank. Mit einem Stuhl pro Person und einem Tisch für alle. Die Variationsbreite reicht vom Asozialen-Milieu bis zum modernen Jugendherbergsstil. Die Investitionskosten der Betriebe für den Bau von Unterkünften – für die Unterbringung ist der Unternehmer verantwortlich – reicht pro Mann und Monat von 3,50 DM bis über 100,– DM, ob Schloß oder Stall – der Eindruck ist trostlos. Weil sie getrennt leben von der deutschen Bevölkerung, unter sich, getrennt von ihren Frauen und allen andern Frauen auch, in isolierter Männer- und Frauengemeinschaft, mit Zigarettenautomat, Kantine, Kramladen, oft sogar Kino im Lager. Diese Leute lernen kein Deutsch und gehen in Pulks durch die Stadt, Fremde, die fremd bleiben, auf Grund einer Wohnsituation, die man als Provisorium für ein, zwei Jahre hinnehmen mag, die aber Lagerpsychose, Homosexualität und Ressentiment produziert, wenn sie zum Dauerzustand wird. 326 000 von den 1,3 Millionen sind schon mehr als drei Jahre im Land, 135 000 schon länger als fünf Jahre.

Zwei Drittel der Männer unter den Ausländern ist verheiratet. Die Hälfte aller Ausländer, wenn man die Frauen mitrechnet. Das macht rund 600 000. 200 000 haben ihre Frau oder Familie hier. Von diesen hat die Hälfte – 100 000 – eine Wohnung, die andern leben getrennt. Bei Befragungen von Betreuungsorganisationen stellte das Institut für Siedlungs- und Wohnungswesen an der Universität Münster fest, daß nur 1 Prozent aller ausländischen Familien mit ausreichendem Wohnraum versorgt sei. Industriebefragungen ergaben, daß 2,8 Prozent der ausländischen Familien mit ausreichendem Wohnraum versorgt sei, den Bergbau nicht mitgerechnet (incl. Bergbau sollen es 20,65 Prozent sein).[7] In Baden-Württemberg hat man in diesem Frühjahr mit dem Bau von 200 Wohnungen für ausländische Familien begonnen. Unseres Wissens ist das das erste größere Projekt dieser Art. Angesichts der ohnehin angespannten Wohnungssituation in der Bundesrepublik schien es bisher nicht opportun, Ausländerwohnungsprogramme zu entwerfen, weil sie die Verstimmung zwischen Deutschen und Ausländern noch verschärfen würden.

Die Annahme, daß das Ressentiment bei den Deutschen hauptsächlich aus der isolierten, menschenunwürdigen, die Züge des Asozialen tragenden Wohnsituation [an dieser Stelle fehlt im Erstdruck ein Teil des Textes; auch in den folgenden ›konkret‹-Heften wurde der Text nicht ergänzt; der Verlag] ihnen sagte, es käme aufs Tempo an, Tempo sei erwünscht und brächte jedem einzelnen auch mehr Lohn. Also legten die los, und legten ein Tempo vor, das alle andern nicht gewohnt waren, die was von Akkordschere und Akkordbrechern wissen, die ihre Erfahrungen haben und erst mit 65 Jahren Rentner werden wollen. Sie legten los und zogen sich also die Wut aller anderen zu, die schließlich die Arbeitsanweisung an die Türken nicht mitgekriegt hatten. Der Gewerkschafter, der mir den Fall erzählte, faßte sich kurz: »Die treiben bewußt einen Spalt zwischen uns und die Ausländer. Aber weisen Sie das mal immer nach. Und machen Sie das den Kollegen mal klar!« Und ein Betriebsrat erzählte: »Wir wollen ja von der Gewerkschaft und vom Betriebsrat aus mit den Ausländern zusammenarbeiten. Aber wenn ich in die Unterkünfte komme, zehn Mann auf einer Bude, dann fallen die über mich her. Die meinen, daß ich daran schuld bin. Dann schäme ich mich, daß ich bei der Firma überhaupt Betriebsrat bin. Und dann kann ich rückwärts wieder rausgehen. Rein lassen die mich nicht.« Hilflos und verworren – gewiß, aber wir würden diese Beispiele nicht erzählen, wenn wir sie als Ausnahmefälle kennengelernt hätten.

## Das Muster

Als Gesamtmetall im Februar 1966 während der Tarifverhandlungen mit der IG-Metall in seinen Annoncen fragte: »Ist es nicht widersinnig, kürzer zu arbeiten und dafür noch mehr Ausländer zu beschäftigen?« profitierte man mit dieser Art antigewerkschaftlicher Propaganda von genau den Gefühlen, die man durch seine eigene Ausländerpolitik geschaffen hatte. »Noch mehr Ausländer ...« – obwohl die Sprachregelung auch bei den Arbeitgeberverbänden inzwischen weder Fremd- noch Gastarbeiter heißt, auch nicht Ausländer, sondern ausländische Arbeitnehmer, eine Bezeichnung, die geeignet scheint, Ressentiments zu neutralisieren. »Noch mehr«

statt einfach »mehr«. Da sprach man also offen aus, daß es schon viel zuviele sind, daß man mit den Problemen nicht mehr fertig wird. Und kriegte doch die Kurve, drehte den Spieß um gegen »die Ausländer« und erklärte die IG-Metall zum Sündenbock. Das Ressentiment gegen die einen wird zur Waffe gegen die andern. Die Kombination Juden und Kommunisten ist das zugrundeliegende Muster. Das hat es schon mal gegeben, daß rassisch-völkischer Dünkel gegen politische Gegner mobilisiert wurde.

*Demoskopie*

Demoskopische Institute hatten dafür Rückhalt und Rechtfertigung geliefert. Das Emnid-Institut in Bielefeld stellte im Dezember 1965 fest: 51 Prozent der Bevölkerung sind eher dagegen, daß die Bundesrepublik Ausländer als Gastarbeiter nach Deutschland holt. Das Wickert-Institut in Tübingen hatte schon im Dezember 1964 in die Leute hinein und aus ihnen heraus gefragt, daß 70 Prozent aller Männer und 64 Prozent aller Frauen es »begrüßen würden, wenn die Arbeitszeit in der Bundesrepublik pro Woche eine Stunde länger sein würde und dadurch keine Fremdarbeiter mehr in Westdeutschland notwendig wären«. Vom Allensbacher Institut für Demoskopie liegt eine Umfrage vom Oktober 1964 vor. Man fragte: »Wie denken Sie ganz allgemein über die Gastarbeiter?« und dann wurde den Befragten ein Eigenschaftskatalog vorgelegt, und sie sollten sagen, was davon ihrer Ansicht nach auf die Gastarbeiter zuträfe. (Anweisungsgemäß mögen die Interviewer dabei »eine Haltung verständnisvoller Sympathie und aufmerksamer Rezeptivität« eingenommen haben.) Und kriegte auf der negativen Seite heraus: Hinter den Mädchen her (42 Prozent), laut (39 Prozent), nicht sehr sauber, eher schlampig (30 Prozent), jähzornig, oft gewalttätig (27 Prozent). Und weiter: »Man kann ihnen nicht trauen, aufdringlich, arbeitsscheu, träge, unverschämt, anmaßend, stehlen gern.« Kurz: Packzeug nennt man das doch wohl, Asoziale charakterisiert man so, Pollacken früher in Oberschlesien, Landstreicher, Zigeuner und was sonst sozial randständig ist, so daß der Unterste ihm noch auf den Kopf spucken, ihm gegenüber noch Elitebewußtsein produzieren kann. Gut eingefühlt haben sich die Allensbacher ins Unterbewußtsein der Deutschen, die Leers »Völkerkunde auf rassischer Grundlage« in ihrem Schulranzen hatten. Und was man auf der positiven Seite passend fand, paßt auf den eigenen Haushund vielleicht, das treue Tier, bestenfalls auf den mißlungenen Sohn, der ja nun leider die Prüfung zur Oberschule nicht bestanden hat, auf Kollegen und »Mitarbeiter« (um im Jargon zu bleiben) paßt es nicht: Erst sparsam (33 Prozent), natürlich und fleißig (22 Prozent) – mehr war nicht drin – und dann: gutherzig-freundlich, höflich, anstellig-geschickt, hilfsbereit, wendig-intelligent, ehrlich (6 Prozent), zuverlässig (6 Prozent). Der Arg hinter der Unschuldsmiene wird klar, wenn man die Adjektive konkretisiert: Statt Nicht sehr sauber: dreckig, statt Anmaßend: frech, statt Arbeitsscheu: faul, statt Fleißig: tüchtig, statt Gutherzig: verantwortungsbewußt. So gefragt, hätte es einen Sturm der Entrüstung gegeben und die Befragung wäre nicht veröffentlicht worden, oder aber das Ergebnis wäre nicht so übel ausgefallen. Solche Befragungen diskriminieren nicht nur die ausländischen Arbeiter, sie diskriminieren auch die Deutschen, deren Kritikfähigkeit im repräsentativen Querschnitt schwach sein dürfte, die nicht merken, daß sie mit »Nicht sehr sauber« dreckig sagen, merkten sie es, erschrocken dementieren würden.

Max Frisch schrieb im Vorwort zu »Siamo Italiani – Die Italiener«, ein Buch, das von den italienischen Arbeitern in der Schweiz handelt: »Lebensgläubig wie Kinder erschrecken viele über den Schnee im fremden Land und brauchen lange Zeit, bis sie merken, welcher Art die Kälte ist, die sie erschreckt.«

*Anmerkungen*
[1] Ausländischer Arbeitnehmer-Erfahrungsbericht 1965. Hrsgg. von der Bundesanstalt für Arbeitsvermittlung und Arbeitslosenversicherung, Nürnberg 1966.
[2] Valentin Siebrecht: Unsere Ausländer – pro und contra in: ›Der Arbeitgeber‹ Heft 11 und 12/1965, S. 288.
[3] ›NJW‹, Heft 46 vom 14. Nov. 1962, S. 2132.
[4] ›Frankfurter Rundschau‹ vom 17.10.66.
[5] Zit. nach Valentin Siebrecht, a. a. O.
[6] ›Kölner Rundschau‹ vom 23.7.65.
[7] W.A. Hollenberg: Der Familienwohnungsbedarf ausländischer Arbeitnehmer. Sonderdruck aus Bundesbaublatt, Heft 5, Mai 1965.

# Der Klärungsprozeß

Mit verblüffendem Tempo geht der Strukturwandel innerhalb des bundesrepublikanischen Regierungs- und Herr-
schaftsapparates nach Bildung der Großen Koalition vonstat-
ten. Anders als Erhard sich das gedacht haben mag, erweist
sich die Große Koalition als Vollzugsorgan der formierten
Gesellschaft, ohne daß noch von dieser die Rede wäre. Die
Fronten klären sich aber auch: Oppositionelle aus Opportunität erliegen – wie stets – der Anziehungskraft der gesellschaftlich machtvollsten Kraft: Das ist zur Zeit die Regierung. Die Opposition gewinnt, wenn nicht Zeit, so doch
Gelegenheit, wieder prinzipiell zu werden, unängstlich,
nüchtern. Sie hat nichts mehr zu verlieren, sie kann sich den
Sand aus den Augen reiben.

Der Prozeß der Ausschaltung der oppositionellen Kräfte
bei gleichzeitiger Integration – Einschaltung – der opportuni-
stischen, verdient beschrieben zu werden. Die Indienstnahme von Conrad Ahlers und Ralf Dahrendorf in die Geschäfte dieser Regierung verschafft dieser das Alibi, erweist für
jene, daß es nicht genügt, gesellschaftliche Prozesse und politische Ereignisse mit dem Gestus der Unparteilichkeit zu
beschreiben. Sporadische Unzufriedenheit und gelegentliche
Respektlosigkeit, wie sie der ›Spiegel‹ in seinem anonymen
Teil betreibt, hat eben noch nichts mit Opposition zu tun, ist
noch keine Kritik. Wenn der ›Spiegel‹ in den letzten Jahren
manchmal für ein oppositionelles Blatt gehalten wurde, dann
mehr wegen der Überempfindlichkeit der Regierungen Adenauer und Erhard, als wegen der Härte des Blattes, von Augstein mal abgesehen, der ja auch nicht nach Bonn geht.

Dahrendorfs Anschluß an die Große Koalition ist mindestens ebenso aufschlußreich. Noch vor gut Jahresfrist schrieb
er: »Die Große Koalition hebt den Parteienstreit als Instrument demokratischer Regierung ebenso auf wie die Schaffung einer ›überparteilichen‹ Autorität.« Und: »Den Preis
zahlt die deutsche Gesellschaft mit der Vitalität ihrer demokratischen Institutionen.«[1] Eine dieser Institutionen ist die
deutsche Universität, innerhalb der Universität war Dahrendorf selbst schon Institution gewordene Kritik; Chefideologe

des bejahten Konflikts – »Aversion gegen Konflikt ist ein Grundzug autoritären politischen Denkens, dessen Praxis allemal ... mit der Freiheit der Bürger bezahlt wird«[2] – hat er indes die Position, von der aus Widerspruch hätte wirksam sein können, verlassen und sich denen zur Verfügung gestellt, die den Konflikt kurzgeschlossen haben. Die unparteiisch vorgetragene Formel versagte gegenüber der Anziehungskraft der Macht, erwies sich als Formalität, hingesagt nicht um der Position des Industriearbeiters gegenüber Management und Kapital Spielraum zu verschaffen, der Opposition gegenüber der Regierung, dem Parlament gegenüber der Exekutive, war nicht mehr als eine geistreiche, unverbindliche Verallgemeinerung, vermittels derer den Herrschenden kein Stein in den Weg gelegt, sie höchstens stilistisch beraten werden sollten.

Diese Regierung, den Rücken frei, unverlegen gegenüber parlamentarischer Kontrolle, alibi-ausgestattet, vermochte in Monatsfrist auf die Tagesordnung zu setzen, wovon vorangegangene Regierungen nur träumten: Die Aufhebung der Tarifautonomie wird schon vorbereitet – Balke und Schiller sind sich einig –, die politischen Magazinsendungen im Deutschen Fernsehen (Panorama, Report, Monitor) sollen abgeschafft werden, der Bundesinnenminister erkundigt sich bereits nach Internierungsmöglichkeiten für politisch unliebsame Personen im Falle eines Notstandes, das Bundespräsidialamt reitet eine lange nicht dagewesene Attacke gegen die Intellektuellen, »die sich in der Zerstörung von Werten gefielen«, gegen arbeitsrechtliche Grundsätze im Verhältnis zwischen Beamtenschaft und Staatsgewalt, gegen eine demokratische Schulorganisation, die zum Verzicht auf Ausübung der Staatsgewalt verführe, gegen den Mißbrauch der Hochschulen als Forum politischer Agitation (›Frankfurter Rundschau‹, 21.12.1966). Es ist eine Häufung von Attacken gegen demokratische Kräfte, die – weil sie nicht integrierbar sind in Geist und Sache der Großen Koalition – ausgeschaltet werden sollen. Gäbe es in Bonn noch eine parlamentarische Kontrolle, es müßte parlamentarische Anfragen hageln.

Da sich die Gewerkschaften mit ihren Lohnforderungen ohnehin seit Jahren »peinlich an das Wachstum gesamtwirtschaftlicher Produktivität« halten, längst nicht mehr »eine Umverteilung des Volkseinkommens« anstreben und damit eine Veränderung der Machtpositionen und der gesellschaftlichen Ordnung, sich also längst an die nicht so genannten »Lohnleitlinien« des Sachverständigengutachtens halten, zielt Schillers Vorstoß längst über das hinaus, was im bürgerlichen, im Arbeitgebersinn recht und billig zu sein vermöchte, zielt darauf, den »Status quo der Verteilung«[3] noch abzubauen, die Gewerkschaften zu entmachten, indem er sie funktionslos macht. Das Interesse des Gemeinwohls, die allgemeine Wirtschaftslage kann nur als Vorwand in dieser Auseinandersetzung gelten, es zu beachten, war in den letzten Jahren ohnehin Gewerkschaftspolitik. Mag Schiller dabei noch in Ressortdenken befangen sein, und keine parlamentarische Opposition wird ihn darauf aufmerksam machen: der Effekt ist absehbar, daß hier nicht nur die Tarifautonomie angeknackt wird, sondern auch der politische Einfluß der Gewerkschaften. Waren vorangegangene Regierungen nur indirekt und mit Zurückhaltung gewerkschaftsfeindlich, so ist es die jetzige offen. Ein erstaunlicher Vorgang.

Die Große Koalition hat klare Fronten geschaffen, schneller und präziser als zu erwarten war. Der Innenminister nimmt die Verabschiedung der Notstandsgesetze, soweit sie noch ausstehen, schon vorweg, das Bundespräsidialamt macht sich zum Fürsprecher von NPD-Argumenten, die Arbeitsgemeinschaft der Rundfunkanstalten, die das Erste Fernsehprogramm betreibt, bemüht sich schon um den Anschluß an den Geist der Springerpresse, die Katze ist aus dem Sack.

Es bleibt der Presse, soweit sie unabhängig ist, den Gewerkschaften, soweit sie Prinzipien haben und wissen, daß das kein Ballast ist, und einzelnen vorbehalten, das entstandene Vakuum auszufüllen, von falschen Freunden und hemmenden Illusionen entlastet.

*Anmerkungen*
[1] Ralf Dahrendorf: Gesellschaft und Demokratie in Deutschland. München 1965, S. 222 und S. 233.
[2] Ebenda S. 222.
[3] Rudolf Hofmann: Produktivität als Fetisch – gewerkschaftliche Motive einer indexgebundenen Lohnpolitik. ›Frankfurter Hefte‹, November 1966, S. 765 und 766.

Nr. 1, 1967

*Conrad Ahlers* (SPD) wurde in der Regierung der »Großen Koalition« unter Kiesinger stellvertretender Leiter des Bundespresseamtes, seit 1969 Regierungssprecher.

*Ralf Dahrendorf* empfahl im sogenannten Dahrendorf-Plan, den er als bildungspolitischer Berater der baden-württembergischen Landesregierung verfaßte, das Kurzstudium. 1969 bis 1970 war er Parlamentarischer Staatssekretär im Auswärtigen Amt.

*Siegfried Balke*: 1964 bis 1969 Arbeitgeberpräsident.

*Karl Schiller* war seit 1966 Bundeswirtschaftsminister.

# Der dritte Entwurf

Freilich ist die Liberalisierung des neuen Notstandsentwurfs nur ein Pyrrhussieg der Linken. Trotzdem haben die Gegner der Notstandsverfassung Grund, sich ein bißchen darüber zu freuen. Was jetzt vorliegt, ist ein Kompromiß, dem Schröder schon nicht mehr zugestimmt hat, ein Beispiel durchaus für die Einflußmöglichkeiten einer außerparlamentarischen Opposition. Was jahrelang unverzichtbar schien, ist unter den Tisch gefallen: nur vier, nicht mehr sieben Tage lang soll einer ohne richterlichen Entscheid festgenommen werden dürfen; die Abgrenzung zwischen erlaubtem Arbeitskampf und verbotenem politischen Streik soll erst später erfolgen; die Dienstpflicht für Frauen entfällt, ebenso ein Notverordnungsrecht der Regierung; die Feststellung des Inneren Notstands bleibt dem Parlament vorbehalten. All diese »Abschwächungen« stellen durchaus eine Ermutigung dar, die Auseinandersetzung weiterzuführen, am Beispiel der Notstandsgesetze für den Bestand der bundesdeutschen Demokratie einzutreten, die Attacken der Regierung auf das Freiheitsprinzip des Grundgesetzes schließlich noch vollständig zu verhindern.

Diese »Abschwächungen« sind aber tatsächlich nicht nur ein Erfolg der massiven, intelligenten, hartnäckigen Proteste gegen die Notstandsentwürfe von Schröder und Höcherl, nicht minder stellen sie eine neue politische Situation in Rechnung – oder, wie Lücke ebenso verräterisch wie scharfsinnig sagte: »Die Entwicklung in den letzten acht Jahren hat zu neuen Erkenntnissen geführt.« Was am Buchstaben des neuen Entwurfs als Erfolg der Linken notiert werden darf, muß zugleich als Folge ihres politischen Mißerfolgs verbucht werden. Was als Liberalisierung erscheint, ist der gut kalkulierte Reflex auf die Indienstnahme der SPD in die Geschäfte der CDU-Regierung.

Ein Parlament, das nicht mehr Kontrollinstanz ist, sondern nur noch Regierungsbasis, braucht nicht mehr ausgeschaltet zu werden. Eine außerparlamentarische Opposition, die mit der SPD zwar unzufrieden, aber von dieser noch längst nicht abgenabelt ist, braucht nicht so massiv bekämpft zu werden wie eine Opposition mit parlamentarischem Einfluß. Eine Übermacht der Regierung, wie sie faktisch besteht, kann auf verfassungsändernde Legitimationen zur Erlangung von Übermacht verzichten. Aber noch andere Erfahrungen und Entwicklungen der letzten Jahre konnten einkalkuliert werden.

Man braucht die Versammlungsfreiheit nicht aufzuheben, wenn man den Gebrauch vorhandener Versammlungsgesetze so handhabt, daß ohnehin nur in Nebenstraßen, nach langfristiger Anmeldung und sorgfältiger Vor-Kontrolle geplanter Demonstrationen polizeiliche Erlaubnis erteilt wird und wenn man außerdem eine Polizei hat, die jederzeit bereit ist, zuzuschlagen.

Noch ist es den Studenten in Berlin, Hamburg, Frankfurt, München und andernorts nicht gelungen, die Prügelaktionen der Polizei als Notstandsterror zu entlarven, wohl aber nutzte die Polizei die Gelegenheiten, sich in Brutalität zu üben, einzuschüchtern, Übermacht knüppeldick zu demonstrieren. Die nahezu ungeschoren gebliebenen Gewalttätigkeiten der Polizei in den letzten Jahren und Monaten, die Verrohung, die da zu registrieren ist – auch wenn die verantwortlichen Politiker in den Ländern alleweil um Mäßigung gebeten haben und sich davon distanzierten –, darf sicherlich als Fingerübung für den Fall eines Notstands verstanden werden, erspart unpopuläre Grundgesetzänderungen.

Weiter: Warum soll man eine Pressefreiheit einschränken, die ohnehin fast nur noch von relativ auflagenschwachen Zeitungen wahrgenommen wird, wo es einfacher sein dürfte, durch ›»Spiegel‹-Aktionen« einzelne auszuschalten, als sich jetzt mit dem etablierten Journalismus anzulegen. Der Springerkonzern steht auf seiten der Regierung, die ›FAZ‹ dürfte im Notfall diszipliniert genug sein, der Regierung nicht in den Rücken zu fallen, dem ›Spiegel‹ sind die Zähne gezogen, der Stern allein kann dem ›Stern‹ nicht helfen.

Die Tatsache, daß bisher weder das Fernsehen noch die Boulevardpresse das, was man für Studentenkrawalle hält, als Polizeikrawalle entlarvt hat, das allein rechtfertigt den Verzicht der Regierung auf eine Einschränkung der Pressefreiheit im Fall eines Notstands. Abgesehen davon, daß die Konzentration im Pressewesen – zugunsten Springers – fortschreitet, eine Entwicklung, die man kaum anhalten wird durch eine Untersuchungskommission, der Springer selbst angehören soll.

Der – vorläufige – Verzicht, das Koalitions- und Streikrecht aufzuheben, ist ein Trick, für den man Lücke taktisches Genie bescheinigen sollte. Deutlich hat er gesagt, daß dieser Punkt verschoben und noch diskutiert werden soll, nicht daß er aufgehoben, aus den Intentionen der Regierung gestrichen wäre. Indem er aber aus dem jetzigen Entwurf herausgenommen wurde, stärkt Lücke nicht nur personell die Leber-Leute im DGB, auch ihren Argumenten gibt er Gewicht, man müßte verhandeln und Einfluß nehmen, nur so könnte man etwas erreichen. Er schwächt den Widerstand, das Bündnis zwischen Gewerkschaften und Intellektuellen, er nimmt sie sich einzeln vor, er weiß, was er tut, er kennt sich – im Unterschied zu Schröder und Höcherl – aus.

Im übrigen – gegen wen sollen denn Polizei, Bundesgrenzschutz und Bundeswehr im Fall eines Inneren Notstands eingesetzt werden, wenn nicht gegen organisierte Massen, also gewerkschaftlich organisierte, gegen Arbeitermassen. Wenn man das Streikrecht unangetastet läßt, braucht man kein Militär – für Enteignungsmaßnahmen und Dienstverpflichtung in einigen Versorgungsbetrieben kommt man doch wohl mit der Polizei aus.

Der neue Entwurf stellt die Gleichschaltung des Parlaments durch Bildung der Großen Koalition in Rechnung. Hinzu kommen gute Erfahrungen mit Pressekonzentration, Gummiknüppeln und der vom Bundesverfassungsgericht ungerügten ›Spiegel‹-Affäre.

Hinzu kommt der nicht unelegante Umgang der Regierung Kiesinger mit deutscher und ausländischer Öffentlichkeit. Was der Entwurf an Abschwächung und Liberalität enthält, ist Kompromiß, ist Trick, ist vor allem aber Macht, die diese Regierung schon hat, die sie sich nicht erst durch Notstandsgesetze verschaffen muß. Zugleich wird deutlich, daß diese Koalition im Begriff steht, sich auf Dauer einzurichten. Demokratie scheint den beiden daran beteiligten Parteien keinen Spaß mehr zu machen.

Nr. 4, 1967

114

Innenminister *Paul Lücke* (CDU) hatte im Februar 1967 einen auf Betreiben der SPD hin »liberalisierten« Entwurf der Notstandsgesetze vorgelegt.

Georg Leber war als Vorsitzender der ig Bau Steine Erden dafür eingetreten, die Gewerkschaft zu einer Säule der freien Marktwirtschaft zu machen und Positionen des Klassenkampfes aufzugeben.

*Kurt-Georg Kiesinger:* Bundeskanzler von 1966 bis 1969 in der »Großen Koalition«.

# Offener Brief an Farah Diba

*Guten Tag, Frau Pahlawi,*

die Idee, Ihnen zu schreiben, kam uns bei der Lektüre der ›Neuen Revue‹ vom 7. und 14. Mai, wo Sie Ihr Leben als Kaiserin beschreiben. Wir gewannen dabei den Eindruck, daß Sie, was Persien angeht, nur unzulänglich informiert sind. Infolgedessen informieren Sie auch die deutschen Illustriertenleser falsch.

Sie erzählen da: »Der Sommer ist im Iran sehr heiß, und wie die meisten Perser reiste auch ich mit meiner Familie an die Persische Riviera am Kaspischen Meer.«

»Wie die meisten Perser« – ist das nicht übertrieben? In Balutschestan und Mehran z. B. leiden »die meisten Perser« – 80 Prozent – an erblicher Syphilis. Und die meisten Perser sind Bauern mit einem Jahreseinkommen von weniger als 100 Dollar. Und den meisten persischen Frauen stirbt jedes zweite Kind – 50 von 100 – vor Hunger, Armut und Krankheit. Und auch die Kinder, die in 14stündigem Tagewerk Teppiche knüpfen – fahren auch die – die meisten? – im Sommer an die Persische Riviera am Kaspischen Meer?

Als Sie in jenem Sommer 1959 aus Paris heimkehrend ans Kaspische Meer fuhren, waren Sie »richtig ausgehungert nach persischem Reis und insbesondere nach unseren natursüßen Früchten, nach unseren Süßigkeiten und all den Dingen, aus denen eine richtige persische Mahlzeit besteht, und die man eben nur im Iran bekommen kann«.

Sehen Sie, die meisten Perser sind nicht nach Süßigkeiten ausgehungert, sondern nach einem Stück Brot. Für die Bauern von Mehdiabad z. B. besteht eine »persische Mahlzeit« aus in Wasser geweichtem Stroh, und nur 150 km von Teheran entfernt haben die Bauern schon Widerstand gegen die Heuschreckenbekämpfung geleistet, weil Heuschrecken ihr Hauptnahrungsmittel sind. Auch von Pflanzenwurzeln und Dattelkernen kann man leben, nicht lange, nicht gut, aber ausgehungerte persische Bauern versuchen es – und sterben mit 30; das ist die durchschnittliche Lebenserwartung eines Persers. Aber Sie sind ja noch jung, erst 28 – da hätten Sie ja

116

noch zwei schöne Jahre vor sich –, »die man eben nur im Iran bekommen kann«.

Auch die Stadt Teheran fanden Sie damals verändert: »Gebäude waren wie Pilze aus dem Boden geschossen; die Straßen waren breiter und geräumiger. Auch meine Freundinnen hatten sich verändert, waren schöner geworden, richtige junge Damen.«

Die Behausungen der »unteren Millionen« haben Sie dabei geflissentlich übersehen, jener 200 000 Menschen, die im Süden Teherans »in unterirdischen Höhlen und überfüllten Lehmhütten leben, die Kaninchenställen gleichen«, wie die ›New York Times‹ schreibt. Dafür sorgt die Polizei des Schah, daß Ihnen sowas nicht unter die Augen kommt. Als 1963 an die tausend Menschen in einer Baugrube in der Nähe der besseren Wohnviertel Unterschlupf gesucht hatten, prügelte eine Hundertschaft von Polizisten sie da heraus, damit das ästhetische Empfinden derer, die im Sommer ans Kaspische Meer fahren, nicht verletzt würde. Der Schah findet es durchaus erträglich, daß seine Untertanen in solchen Behausungen leben, unerträglich findet er lediglich ihren Anblick für sich und Sie etc. Dabei soll es den Städtern noch vergleichsweise gut gehen. »Ich kenne Kinder« – heißt es in einem Reisebericht aus Südiran –, »die sich jahrelang wie Würmer im Dreck wälzen und sich von Unkraut und faulen Fischen ernähren.« Wenn diese Kinder auch nicht die Ihren sind, worüber Sie mit Recht heilfroh sein werden – so sind es doch Kinder.

Sie schreiben: »In Kunst und Wissenschaft nimmt Deutschland – ebenso wie Frankreich, England, Italien und die anderen großen Kulturvölker – eine führende Stellung ein, und das wird auch in Zukunft so bleiben.«

Das walte der Schah. Was die Bundesrepublik angeht, so sollten Sie solche Prognosen vielleicht lieber den deutschen Kulturpolitikern überlassen, die verstehen mehr davon. Aber warum nicht rundheraus gesagt, daß 85 Prozent der persischen Bevölkerung Analphabeten sind, von der Landbevölkerung sogar 96 Prozent oder: Von 15 Millionen persischen Bauern können nur 514 480 lesen. Aber die 2 Milliarden Dollar Entwicklungshilfe, die Persien seit dem Putsch gegen Mossadegh 1953 bekommen hat, haben sich nach den Feststellungen amerikanischer Untersuchungsausschüsse »in Luft verwandelt«, die Schulen und Krankenhäuser, die davon u. a. gebaut werden sollten, bleiben unauffindbar. Aber der Schah schickt jetzt Wehrpflichtige auf die Dörfer, um die Armen zu unterrichten, eine »Armee des Wissens«, wie man sie selbstentlarvend nennt. Die Leute werden sich freuen, die Soldaten werden sie Hunger und Durst, Krankheit und Tod vergessen lassen. Sie kennen den Satz des Schahs, den Hubert Humphrey taktloser Weise verbreitet hat: »Die Armee sei dank der US-Hilfe gut in Form, sie sei in der Lage, mit der Zivilbevölkerung fertig zu werden. Die Armee bereitet sich nicht darauf vor, gegen die Russen zu kämpfen, sie bereitet sich vor, gegen das iranische Volk zu kämpfen.«

Sie sagen, der Schah sei eine »einfache, hervorragende und gewissenhafte Persönlichkeit, einfach wie ein ganz normaler Bürger«.

Das klingt ein wenig euphemistisch, wenn man bedenkt, daß allein sein Monopol an Opium-Plantagen jährlich Millionen einbringt, daß er der Hauptlieferant der in die USA geschmuggelten Narkotika ist und daß noch 1953 das Rauschgift Heroin in Persien unbekannt war, indes durch kaiserliche Initiative heute 20 Prozent der Iraner heroinsüchtig sind. Leute, die solche Geschäfte machen, nennt man bei uns eigentlich nicht gewissenhaft, eher kriminell und sperrt sie ein, im Unterschied zu den »ganz normalen Bürgern«.

Sie schreiben: »Der einzige Unterschied ist, daß mein Mann nicht irgendwer ist, sondern daß er größere und schwerere Verantwortung als andere Männer tragen muß.«

Was heißt hier »muß«? Das persische Volk hat ihn doch nicht gebeten, in Persien zu regieren, sondern der amerikanische Geheimdienst – Sie wissen: der CIA – und hat sich das was kosten lassen. 19 Millionen Dollar soll allein der Sturz Mossadeghs den CIA gekostet haben. Über den Verbleib der Entwicklungshilfe können nur Mutmaßungen angestellt werden, denn mit dem bißchen Schmuck, den er Ihnen geschenkt hat – ein Diadem für 1,2 Millionen DM, eine Brosche für 1,1 Millionen DM, Diamantohrringe für 210 000 DM, ein Brilliantarmband, eine goldene Handtasche –, sind 2 Milliarden ja noch nicht durchgebracht. Aber seien Sie unbesorgt, das westliche Ausland wird nicht so kleinlich sein, den

Schah wegen ein paar Milliarden Unterschlagungen, Opiumhandel, Schmiergeldern für Geschäftsleute, Verwandtschaft und Geheimdienstler, dem bißchen Schmuck für Sie zu desavouieren. Ist er doch der Garant dafür, daß kein persisches Öl je wieder verstaatlicht wird, wie einst unter Mossadegh, nicht bevor die Quellen erschöpft sind, gegen Ende des Jahrhunderts, wenn die vom Schah unterzeichneten Verträge auslaufen. Ist er doch der Garant dafür, daß auch kein Dollar in Schulen fließt, die das persische Volk lehren könnten, seine Geschicke selbst in die Hand zu nehmen; sein Öl für den Aufbau einer Industrie zu verwenden und Devisen für landwirtschaftliche Maschinen auszugeben, um das Land zu bewässern, des Hungers Herr zu werden. Ist er doch der Garant dafür, daß rebellische Studenten und Schüler jederzeit zusammengeschossen werden und Parlamentsabgeordnete, die das Wohl des Landes im Auge haben, verhaftet, gefoltert, ermordet werden. Ist er doch der Garant dafür, daß eine 200 000-Mann-Armee, 60 000 Mann Geheimdienst und 33 000 Mann Polizei, mit US-Geldern gut bewaffnet und wohlgenährt und von 12 000 amerikanischen Armee-Beratern angeleitet, das Land in Schach halten. Damit nie wieder passiert, was die einzige Rettung des Landes wäre: Die Verstaatlichung des Öls, wie damals am 1. Mai 1951 durch Mossadegh. Man soll dem Ochsen, der drischt, nicht das Maul verbinden. Was sind die Millionen, die der Schah in St. Moritz verpraßt, auf Schweizer Banken überweist, gegen die Milliarden, die sein Öl der British Petroleum Oil Comp. (BP), der Standard Oil, der Caltex, der Royal Dutch Shell und weiteren englischen, amerikanischen und französischen Gesellschaften einbringt? Weiß Gott, es ist eine »größere und schwerere Verantwortung«, die der Schah für die Profite der westlichen Welt tragen muß, als andere Männer.

Aber vielleicht dachten Sie gar nicht an das leidige Geld, vielleicht mehr an die Bodenreform. 6 Millionen Dollar pro Jahr gibt der Schah dafür aus, durch Public-Relation-Büros in der Welt als Wohltäter bekanntgemacht zu werden. Tatsächlich waren vor der Bodenreform 85 Prozent der landwirtschaftlichen Nutzfläche in Großgrundbesitz, jetzt sind es nur noch 75 Prozent. Ein Viertel des Bodens gehört nun den Bauern, das sie zu einem Zinssatz von 10 Prozent im Laufe von 15 Jahren abbezahlen müssen. Nun ist der persische Bauer »frei«, nun bekommt er nicht mehr nur ein Fünftel, nein *zwei* Fünftel der Ernte für sich (eins für seine Arbeitskraft, eins für den Boden, der ihm gehört), die verbleibenden drei Fünftel bekommt auch in Zukunft der Großgrundbesitzer, der nur den Boden verkaufte, nicht aber die Bewässerungsanlagen, kein Saatgut, nicht das Zugvieh. So gelang es, die Bauern noch ärmer, noch tiefer verschuldet, noch abhängiger zu machen, noch hilfloser, gefügiger. Fürwahr, ein »intelligenter, geistvoller« Mann, der Schah, wie Sie sehr richtig bemerkten.

Sie schreiben über die Sorgen des Schahs um einen Thronfolger: »In diesem Punkt ist das iranische Grundgesetz sehr strikt. Der Schah von Persien muß einen Sohn haben, der eines Tages den Thron besteigt, in dessen Hände der Schah später die Geschicke des Iran legen kann ... In diesem Punkt ist das Grundgesetz äußerst streng und unbeugsam.«

Merkwürdig, daß dem Schah ansonsten die Verfassung so gleichgültig ist, daß er z. B. – verfassungswidrig – die Zusammensetzung des Parlaments bestimmt und alle Abgeordneten vor ihrem Eintritt in das Parlament ein undatiertes Rücktrittsgesuch unterzeichnen müssen. Daß keine unzensierte Zeile in Persien veröffentlicht werden darf, daß nicht mehr als drei Studenten auf dem Universitätsgelände von Teheran zusammenstehen dürfen, daß Mossadeghs Justizminister die Augen ausgerissen wurden, daß Gerichtsprozesse unter Ausschluß der Öffentlichkeit stattfinden, daß die Folter zum Alltag der persischen Justiz gehört. Ist in diesen Dingen vielleicht das »Grundgesetz« doch nicht so strikt und unbeugsam? Der Anschauung halber ein Beispiel für Folter in Persien:

»Um Mitternacht des 19. Dezember 1963 begann der Untersuchungsrichter mit seiner Vernehmung. Zunächst befragte er mich und schrieb meine Antworten nieder. Später fragte er dann nach Dingen, die mich entweder nichts angingen oder von denen ich nichts wußte. Ich konnte also nur antworten, daß ich nichts wisse. Der Untersuchungsrichter schlug mir ins Gesicht und dann mit einem Gummiknüppel zunächst auf die rechte, dann auf die linke Hand. Er verletzte beide Hände. Mit jeder Frage schlug er erneut zu. Dann zwang er mich, nackt auf einer heißen Kochplatte zu sitzen. Schließlich nahm er die Kochplatte in die Hand und hielt sie an meinen Körper, bis ich bewußtlos wurde. Als ich wieder zu mir kam, stellte er erneut seine Fragen. Er holte eine Flasche mit Säure aus einem anderen Zimmer, schüttete den Inhalt in ein Meßglas und tunkte den Knüppel ins Gefäß ...«

Sie wundern sich, daß der Präsident der Bundesrepublik Sie und Ihren Mann, in Kenntnis all diesen Grauens, hierher eingeladen hat? Wir nicht. Fragen Sie ihn doch einmal nach seinen Kenntnissen auf dem Gebiet von KZ-Anlagen und Bauten. Er ist ein Fachmann auf diesem Gebiet.

Sie möchten mehr über Persien wissen? In Hamburg ist kürzlich ein Buch erschienen, von einem Landsmann von Ihnen, der sich wie Sie für deutsche Wissenschaft und Kultur interessiert, wie Sie Kant, Hegel, die Brüder Grimm und die Brüder Mann gelesen hat: Bahman Nirumand: »Persien, Modell eines Entwicklungslandes oder die Diktatur der Freien Welt«, mit einem Nachwort von Hans Magnus Enzensberger – rororo aktuell Band 945, März 1967. Ihm sind die Fakten und Zitate entnommen, mit denen wir Sie oberflächlich bekanntgemacht haben. Ich weiß nicht, ob es Menschen gibt, die nach der Lektüre dieses Buches noch nachts gut schlafen können, ohne sich zu schämen.

Wir wollten Sie nicht beleidigen. Wir wünschen aber auch nicht, daß die deutsche Öffentlichkeit durch Beiträge, wie Ihren in der ›Neuen Revue‹, beleidigt wird.

*Hochachtungsvoll*
*Ulrike Marie Meinhof*

Nr. 6, 1967

Der persische Ministerpräsident *Mossadegh* hatte 1953 erreicht, daß der Schah das Land verließ. Ein Militärputsch ermöglichte jedoch dem Schah die Rückkehr. Mossadegh wurde verhaftet und vor Gericht gestellt.

*Hubert Humphrey* (Demokrat), US-Vizepräsident unter Johnson, verlor 1968 knapp gegen Richard Nixon bei den Präsidentschaftswahlen.

*Thronfolger*: die Ehe des Schah mit Soraya wurde offiziell geschieden, weil sie keinen Sohn geboren hatte.

*Bahman Nirumand:* siehe Erläuterung S. 148.

# Arbeitnehmerflügel

Einem heißen Sommer an den Universitäten folgten ein hitziger Herbst und Winter in Politik und Wirtschaft: Urabstimmungen und Streiks in der Metall- und Chemie-Industrie, rote Fahnen an der Ruhr. Streit zwischen Gewerkschaften, Parteien und Regierung wegen der Notstandsgesetze, wegen Mitbestimmung, wegen der Rentner, Zank zwischen SPD-Führung und sozialdemokratischen Gewerkschaftern, Diskussion über einen SPD-Generalsekretär, Vorstoß der CDU zur Änderung des Betriebsverfassungsgesetzes, um auch kleinsten – z. B. konfessionellen – Gruppen Wahlchancen bei Betriebsrätewahlen zu verschaffen.

Der Politisierungsprozeß an den Universitäten und die Verschärfung sozialer Konflikte auf allen Ebenen, die wir derzeit erleben, haben höchstens die Ursache im Formierungsprozeß der bundesrepublikanischen Gesellschaft gemeinsam und den Anlaß in wirtschaftlicher Rezession und in der Bildung der Großen Koalition vor einem Jahr. Waren die Auftritte der Studenten offensiv, provokatorisch und teilweise von revolutionärer Theorie geleitet, begleitet auch von einer Identifikation mit revolutionären Bewegungen in der Dritten Welt, hauptsächlich Vietnam, so sind die Auseinandersetzungen der Gewerkschaften mit den Unternehmern, mit der SPD und mit der Regierung eher defensiv, wenn überhaupt von gesellschaftlichen Zielvorstellungen geleitet, dann von reformistischen: Erhaltung des sozialen Besitzstandes, Ausweitung der Mitbestimmung, Erhaltung von Koalitionsfreiheit und Streikrecht zum Beispiel. So kämpfen die Studenten gegen das Establishment, gegen die etablierten Parteien, gegen die Ordinarien, gegen die etablierten Institutionen, indes die Gewerkschaften um die Wiederherstellung ihrer abbröckelnden Repräsentanz im Establishment kämpfen. Machten die Studenten den Versuch, aus der gesellschaftlichen Integration auszubrechen, so entspringt die Unruhe auf dem Gewerkschaftsflügel der SPD eher dem Bedürfnis nach Wiederherstellung von Integration, insofern sich dieser Gewerkschaftsflügel in der SPD der Großen Koalition nicht mehr hinreichend repräsentiert fühlt. So haben die Studenten

122

gelernt, den Polizeiknüppel als Manifestation einer Gewalt zu begreifen, die dem System, in dem sie leben, latent innewohnt, nicht als Schönheitsfehler, sondern als Säule des Systems, indes die linken Gewerkschafter in der SPD ihre verschlechterte Lage immer noch für eine Willkür des Systems halten, den Zusammenhang zwischen ihrer verschlechterten Lage und dieser freien Marktwirtschaft kaum durchschauen. Deshalb vermochten die studentischen Unruhen das Establishment durchaus zu beunruhigen, die sozialen Konflikte – außer an der Ruhr (wegen der roten Fahnen) – tun es kaum. Sie sind defensiv. In den Lohnkämpfen geht es um Löhne, bei der Mitbestimmung um die Mitbestimmung, bei den Notstandsgesetzen um die Erhaltung der Demokratie. Keine Konzeption ist erkennbar, wonach diese Demokratie nach Verhinderung der Notstandsgesetze demokratischer werden könnte, wonach das in den Lohnkämpfen gewonnene Selbstbewußtsein der Arbeiter für den Kampf um innerbetriebliche Mitbestimmung wenigstens eingesetzt werden könnte, wonach die Forderung nach Mitbestimmung den Schleier der Sozialpartnerschaft aufheben könnte. Keine Konzeption auch ist erkennbar, wonach der nächste Wahlkampf mit einem Arbeitnehmerflügel in der SPD ein Kampf um die Selbstbewußtwerdung der abhängigen Arbeitnehmerschaft werden könnte. Wehner kann sich zu dem Ergebnis seiner Entpolitisierungsarbeit in und an der SPD gratulieren. Gerstenmaier hat ihm schon gratuliert.

Die Probleme selbst freilich, die sich in diesen Auseinandersetzungen, die kaum politisch bewußt geführt werden, spiegeln, sind deshalb nicht unpolitisch, die Verschleierung ihres widersprüchlichen Charakters macht sie deshalb nicht schon lösbar, ein Arbeitnehmerflügel in der SPD hebt die Härten der Abhängigkeit des Arbeiters vom Unternehmer nicht auf, beseitigt nicht per se die Vernebelung des Denkens durch die Springerpresse. Nicht ob wir 1969 eine Partei haben werden, die es lohnt, in den Bundestag geschickt zu werden, ist gegenwärtig die Frage, sondern ob es möglich sein wird, den Leuten, die gegenwärtig ihre persönlichen Erfahrungen mit Partei-Autorität und Unternehmerwillkür machen, zu erklären, daß das keine privaten Erfahrungen sind, sondern daß sie gesellschaftliche Relevanz haben. Nicht ob

der Unwille in SPD und Gewerkschaften in der SPD eine
repräsentative Basis bekommen wird oder nicht ist entscheidend, sondern daß die Erfahrung begriffen wird, daß die
Kommt-laßt-uns-alle-miteinander-Eia-machen-Bundeskonfe-
renz der SPD ein Schweigen war zum Krieg in Vietnam, zur
Pressekonzentration bei Springer, zum Krankenkassenbeitrag
der Rentner, zur Mitbestimmungsforderung der Gewerkschaften, zum Polizeiterror in Berlin, ein Beitrag war zur Ent-
politisierung der traditionellen Linken, der Arbeiterschaft,
zur Machtkonzentration bei Wehner, der CDU-Koalitions-
partei.

Nicht durch die Kanalisierung oder Institutionalisierung
des vorhandenen Unwillens in SPD und Gewerkschaften
kann dieser Unwille politisch effektiv werden, nicht dadurch,
daß in den nächsten Bundestag ein paar linke Leute einziehen. Das macht die Forderung, Springer zu enteignen, nicht
machtvoller, davon kommt keine Schul- und Hochschulreform, dadurch kommt keine Anerkennung der DDR, keine
neue Außenpolitik, keine bessere Sozialpolitik. Die Institutionalisierung der Unzufriedenheit schläfert die Leute eher
ein, als daß sie sie mobilisiert, vermittelt ihnen das Gefühl,
andere würden die Sache schon in Ordnung bringen, macht
ein gutes Gewissen, entbindet von Selbsttätigkeit und eigener
Verantwortung, macht erneut die Täuschung mächtig, Spiel-
ball zu sein sei unabänderlich, rechtfertigt für viele das
Verharren im Privaten, verfestigt die Unwissenheit über
die Funktionalisierung privaten Verhaltens für öffentliche
Zwecke.

Nicht die Institutionalisierung der gegenwärtigen sozialen
Konflikte kann das politisch relevante Ziel oppositioneller
Arbeit sein, sondern nur ihre Politisierung. Daß das auch
innerhalb der Gewerkschaften, sogar innerhalb der SPD,
betrieben werden kann, ist sicher. Aber nicht, indem man
um Punkte pokert, um Repräsentation, um Bundestagskandi-
daturen, sondern indem Aufklärung betrieben wird, daß die
Gefahren des rechten Radikalismus nicht von einer aufgebla-
senen NPD kommen, wie Wehner meint, sondern von der
Springerhetze gegen politische Minderheiten, daß sich Stra-
ßenschlachten nicht linke und rechte Radikale liefern, sondern daß die Polizei, das Instrument der etablierten Macht,

124

zu prügeln angefangen hat, und darüber muß geredet werden, daß in Hanau der Direktor der Dunlop-Werke den Einsatz von Polizei gefordert hat, um Streikbrechern den Weg ins Werk freizuprügeln, daß dieser Direktor Schneider dabei den Bürgermeister von Hanau unter Druck zu setzen versuchte, als größter Steuerzahler der Stadt, um den Polizeieinsatz zu erzwingen (›Frankfurter Rundschau‹, 16.11.67). Politisierung heißt Aufklärung, über die Machtverhältnisse, über Besitzverhältnisse, über Gewaltverhältnisse. Man kann die Auseinandersetzungen zwischen Gewerkschaften, SPD und Regierung für diesen Aufklärungszweck benutzen, aber nur, indem man sie nicht zum Selbstzweck werden läßt.

Nr. 12, 1967

*Eugen Gerstenmaier* (CDU) war langjähriger Bundestagspräsident.

# Gegen – Gewalt

»Wenn aber dreihundert einen einzelnen ›fertigmachen‹ – das ist, zu welchen erhabenen Zwecken es auch immer dienen mag, Terror.«

»Damals (1933) wie heute wurde ein mystisch-biologischer Wert ›jung‹ einem mystisch-biologischen Unwert ›alt‹ entgegengestellt.«

»Terror von links ist ... aber an überprovinziellen Maßstäben gemessen kein bißchen humaner als Terror von rechts.«

So einfach macht sich das Rudolf Walter Leonhardt von der ›Zeit‹ (29.12.67), so leicht ist es, denen, die über die Entwicklung an den deutschen Hochschulen gegenwärtig eher unglücklich als glücklich sind, aus dem Herzen zu sprechen.

Da braucht man bloß die Forderung nach rationaler Diskussion in »welche erhabenen Zwecke auch immer« umzufälschen, denn erhabene Zwecke werden nun mal nicht durch vernünftige Diskussionen erzielt, schon ist ein Professor, der sich der Diskussion nicht stellt und dabei die Nerven verliert, »fertiggemacht« worden.

Da braucht man bloß den Protest gegen bestehende Herrschaftsverhältnisse und gegen eine Autorität, die schon Tausende von Studenten fertiggemacht hat, sei es, daß mühsam erarbeitete Seminararbeiten statt mit Argumenten mit Zensuren abgefertigt wurden, sei es, daß wißbegierige, aufklärungsbedürftige Studenten statt mit Wissen mit Ideologie, statt mit kritischen Methoden mit Glaubenssätzen abgefüttert wurden, da braucht man bloß den Protest gegen die Ordinarienautorität in einen Generationenkonflikt umzufälschen und eben diesen dann und ganz richtig »mystisch-biologisch« zu nennen, schon funktioniert die Gleichstellung von Braun und Rot, die Gleichstellung von Unterdrückung und dem Protest gegen Unterdrückung. Als hätte der Faschismus in Deutschland nicht die deutsche Arbeiterbewegung zerschlagen, sondern als hätten NS-Studenten nur alte Professoren attackiert, als wäre es nicht der Auftrag des Faschismus in Deutschland gewesen, die Chance von Sozialismus in Deutschland auf Jahrzehnte zu liquidieren, als wäre mystisch-biologisches Denken der Motor des Faschismus gewesen, nicht nur sein Instrument, sondern seine Grund-lage.

Und da braucht man dann nur noch an »überprovinzielle Maßstäbe« zu appellieren, was sehr viel leichter ist, als zu sagen, was man darunter versteht, zumal sich ›Zeit‹-Leser über den Vorwurf des Provinzialismus nicht zuletzt deswegen erhaben fühlen dürften, weil sie die ›Zeit‹ lesen – zumal der Spießer niemanden so verachtet wie den Spießer – schon ist Terror von links gleich Terror von rechts – so einfach ist das, jedenfalls in Deutschland, wo Faschismus immer noch für eine Rüpelei gehalten wird, eine Verirrung des deutschen Geistes, ein Mißgeschick der deutschen Geschichte, ein Schicksalsschlag ohne gesellschaftliche Ursachen und irgendwo vielleicht doch unter ferner liefen auch ein »erhabener Zweck« – nur mit den falschen Mitteln durchgesetzt?

Als bei der Hamburger Immatrikulationsfeier (»Unter den Talaren Muff von tausend Jahren«) im vergangenen November ein paar SDS-Studenten die Feier störten und diese Störversuche während des wirtschaftswissenschaftlichen Vortrags des neuen Rektors allmählich heftiger wurden und allmählich unüberhörbar und für den Vortrag des neuen Rektors unerträglich, der Schillers Wirtschaftspolitik rechtfertigte und antigewerkschaftliche Thesen vortrug, wie z. B. die These von der Lohn-Preis-Spirale und über Entwicklungshilfe redete, als gäbe es keine Ausbeutung der Dritten Welt, als das allmählich einer Mehrheit der Studenten im Auditorium maximum zuviel wurde und sie eben diesen reaktionären Vortrag nicht länger unwidersprochen hinnehmen wollte, nicht schweigen wollte wo die Arbeiterschaft beleidigt und der deutsche Imperialismus gerechtfertigt wurde, da gab es einen Punkt, wo die Stimmung endgültig gegen Rektor und Professoren und Feierlichkeit und Immatrikulationsbrimborium umzuschlagen drohte und keiner sein eigenes Wort mehr verstand und kein Mikrophon dagegen ankam und die Feier zu platzen drohte. Da ging der AStA-Vorsitzende ans Mikrophon, der zuvor im Sinne der Studenten ein Abc der Mißstände an der Hamburger Universität vorgetragen hatte, dem man zuzuhören bereit war. Der sagte, wenn man mit dem neuen Rektor diskutieren wolle, solle man es hinterher tun, man solle ihn zuvor ausreden lassen, denn so, mit Geschrei und mit Lärm, so ginge es ja auch nicht. Da redete der Rektor weiter, und die Stimmung gegen ihn blieb unterdrückt, man schwieg diszipliniert, wie sich das gehört. Aber als der Rektor fertig war, setzte sofort und mit großem Schwung das Orchester ein, die Professoren hielten ihren Auszug, einer rief den Studenten noch zu, sie gehörten alle ins KZ, und Thielicke rief ihnen zu, sie sollten aufpassen, daß sie nicht Fälle für den Psychoanalytiker würden. So wurde es ihnen gedankt, daß sie den Rektor hatten ausreden lassen. Ohnmächtig mußten sie es erleben, wie das Wort des AStA-Vorsitzenden vom Rektor mißbraucht wurde, indem dieser zwar die disziplinierte Ruhe nutzte, um auszureden, nicht aber den Mißbrauch des Studentenorchesters verhinderte, das einfach losspielte, so daß das Versprechen des AStA-Vorsitzenden, es würde hinterher diskutiert, uneingelöst blieb. So konnte in einem deutschen Auditorium maximum der Großen Koalition in Bonn alles Gute gewünscht werden, und wirtschaftswissenschaftliche Theorien konnten unwidersprochen vorgetragen werden, die alles andere als antifaschistisch waren, und der Toten des vergangenen Jahres konnte ohne Erwähnung von Benno Ohnesorg gedacht werden, und eine Studentenschaft war gezwungen worden, einen Rektor ausreden zu lassen und ihren Widerspruch dagegen zu unterdrücken, der die Waffe der Wissenschaft gegen die Gewerkschaften schmiedete und gegen die revolutionären Bewegungen in der Dritten Welt.

Daß diese Studentenschaft sich das nicht mehr bieten läßt, daß die Studenten jetzt entschlossen sind, reaktionäre Professoren nicht ausreden zu lassen und junge Semester infolgedessen nicht mehr wertvolle Jahre verlieren, bis sie das alles durchschauen, sondern früher als frühere Generationen anfangen können, kritisch zu studieren, das macht die Universität nicht – wie R. W. Leonhardt meint – »als ein Zentrum der Forschung und Lehre funktionsunfähig«, sondern überhaupt erst funktionsfähig. Die Studenten haben freilich durch bittere Erfahrungen – wie z. B. durch die Hamburger Immatrikulationsfeier – begriffen, daß sie das nicht leise und vornehm durchsetzen können, sondern nur lärmend und rigoros. Sie haben begriffen, daß die feierlichen Formen und die anständige Ordnung nicht schmerzlos und ungebrochen

128

Platz für kritische Inhalte und demokratische Diskussionen einräumt, daß einigen Professoren einige bittere Erfahrungen nicht erspart werden können, wenn sie nicht anders mit sich reden lassen wollen.

Wenn einige Professoren dabei das Gefühl haben, sie würden fertiggemacht, nur weil die Studenten sich nicht mehr fertigmachen und abfertigen lassen, dann müssen diese Professoren aufgefordert werden, endlich einmal über sich selbst nachzudenken. R. W. Leonhardt aber erweist ihnen keinen guten Dienst, wenn er sie auf die falsche Fährte von mystisch-biologischem Irrationalismus ablenkt, im Gegenteil: So verhärtet man antidemokratisches und antisozialistisches Ressentiment, so macht man jene Professoren noch hilfloser gegenüber den Studenten, die ohnehin auf die Forderung nach rationaler Diskussion mit irrationaler Angst reagieren, so verteufelt man die Studenten, die begründet und begreiflich die rationale Diskussion fordern, zu der sie selbst erfahrungsgemäß bereit sind. Eben das den Professoren klarzumachen, scheint aber gegenwärtig anders als durch Lärm und absolute Ungeduld nicht möglich zu sein. Das Terror nennen, heißt den Notwehrcharakter der studentischen Aktionen übersehen, wie man am Beispiel der Hamburger Immatrikulationsfeier sah, wie man es an zahllosen Veranstaltungen an deutschen Universitäten gegenwärtig erleben kann.

Nr. 2, 1968

*Helmut Thielicke* war bis zu seiner Emeritierung 1974 Theologieprofessor an der Universität Hamburg, zeitweilig auch Rektor und Dekan.

Am 2. Juni 1967 war der Student *Benno Ohnesorg* während einer Demonstration gegen den Schah-Besuch von der Westberliner Polizei erschossen worden.

# Wasserwerfer – auch gegen Frauen

*Student und Presse*

*Eine Polemik gegen Rudolf Augstein und Konsorten*


Der Knall, der die studentische und die außerparlamentarische Opposition in die internationale wie gutnachbarliche, in die große und kleine Öffentlichkeit katapultierte, kam von dem Schuß gegen Benno Ohnesorg am 2.6.1967 in Berlin. Seitdem nimmt die Weltpresse von ihnen Notiz, und sie sind Gesprächsgegenstand am Abendbrottisch, seitdem machen sie Schlagzeilen und erzeugen Familienkräche.

Endlich gibt es wieder Generationenkonflikte, Konflikte zwischen Männern und Frauen, Meinungsgegnern. Freunden und Feinden. Henri Nannens Attacken gegen Lübke werden beiden persönlich übelgenommen, ›konkret‹ nimmt es Rudolf Augstein persönlich übel, daß er die Rufmordkampagne gegen Nirumand trotz besseren Wissens nicht zurücknimmt, man spielt nicht mehr nur Gegnerschaft, um dann wieder nett zueinander zu sein. Endlich wird nicht mehr alles Ärgerliche vertuscht, alles Peinliche verschwiegen, Übelkeit nur mit der Pille erklärt, Trauer mit Kaffee bekämpft, Magenschmerzen mit Pfefferminztee, Depression mit Sekt, schale Nüchternheit mit Korn.

Nicht Arbeitskämpfe haben diese Gereiztheit erzeugt, sondern studentische Aktionen: sie haben bewirkt, daß die tatsächlich vorhandenen Widersprüche dieser Gesellschaft wieder kenntlich geworden sind. Malapartes Bild von den Hunden mit den offenen Bäuchen, die nicht heulen, weil ihnen die Stimmbänder durchgeschnitten sind, stimmt nicht mehr uneingeschränkt. Es wird wieder – ein bißchen wenigstens – geheult.

Ob nun Ehefrauen rumheulen oder Söhnen zum Heulen ist oder Rudi Dutschke auf Marktplätzen im Heulton Massen aufklärt, es kommt auf dieses raus: Falsche Harmonie geht dabei drauf. Verschleierung und schöner Schein gehen kaputt. Konflikte werden sichtbar, persönliche Konflikte können zunehmend als gesellschaftlich verursacht, als Ausdruck gesellschaftlicher Konflikte begriffen werden.

130

## Nicht der Mörder,
## der Ermordete ist schuldig

Die Sache begann am 2. Juni weltöffentlich zu werden. Durchaus am 2. Juni schon schieden sich die Geister. Schon die Kommentare zum 2. Juni enthielten und enthüllten jene Abwehrmechanismen und Verschleierungsmodelle, mit denen seither diejenigen arbeiten, die kein Interesse daran haben, daß gesellschaftliche Konflikte sichtbar werden. Daß Konflikte sichtbar werden, liegt in der Regel im Interesse derer, die unter ihnen leiden. Daß sie verschleiert bleiben, muß das Interesse derer sein, die davon profitieren, die sich dabei ganz wohl fühlen.

*Verschleierungsmodell 1:*
*Die bürgerliche Wohlanständigkeit als Wert an sich*

Rudolf Augstein in seinem ersten Kommentar nach dem 2. Juni »Warum sie demonstrieren«: »*Mir, dem Fernseher, gefallen Parolen wie ›Mörder Johnson‹ oder ›Schah – Hitler – Ky‹ auch nicht. Wer protestieren will, soll auch denken, wer etwas zum Einsturz bringen will, muß sich selbst etwas einfallen lassen.*«

Ob Schah und Ky mit Hitler vergleichbar sind, ob die Stigmatisierung Johnsons als Mörder objektiv wahr ist, beschäftigt Augstein nicht, nicht, ob die, die das sagen, nicht vielleicht doch schon gedacht haben. Ihn wie den kleinen Mann in der Provinz schockt die Verletzung der bürgerlichen Wohlanständigkeit. Mit den Worten des Leitartiklers der ›Koblenzer Rheinzeitung‹ (9./10. 6. 67):

»*Wenn Radau um jeden Preis das sachliche Argument ersetzt, dann gibt es eine Grenze an der aus Unruhe Anarchie wird.*«

Und Augstein:

»*Tomaten soll er – der Schah – nicht an den Kopf bekommen, und wer ihn mit Tomaten bewirft, soll mit dem Wasserwerfer rechnen, auch Frauen. So viel zu den baren Selbstverständlichkeiten.*«

Das fanden auch die ›Lübecker Nachrichten‹:

»*daß der mit faulen Eiern, Tomaten und Milchtüten inszenierte Krawall kein unseres akademischen Nachwuchses würdiges Mittel der Auseinandersetzung ist.*«

131

Und Springers ›BZ‹ am 3.6.: »*Wer Anstand und Sitte provoziert, muß sich damit abfinden, von den Anständigen zur Ordnung gerufen zu werden.*«

Wo es um die bürgerliche Wohlanständigkeit geht, reagieren Springer, Provinzpresse und Augstein gleich spießig, geht ihnen bürgerliche Reputation vor Entlarvung und Protest gegen Gewalt. So befindet sich auch die neuerliche Indizierung des ›Stern‹ wegen schrecklicher Vietnambilder nicht nur in konsequenter Übereinstimmung mit der in Vietnam engagierten Springerpresse, durchaus auch in Übereinstimmung mit den Ordnungs- und Umgangsvorstellungen von Rudolf Augstein.

*Verschleierungsmodell 2:*
*Die Unschuld des Systems*

Während die Berliner Springerpresse, die Studenten längst abschaffen will, aus der Welt schaffen, mit den Worten der ›Berliner Morgenpost‹ vom 3.6.: »*Wer es wohl meint mit Berlin, der jage endlich die Krawallradikalen zum Tempel hinaus, die das Ansehen Berlins systematisch ruinieren*« – stellt sich die liberale Presse schützend vor das System, erklärt die Ereignisse vom 2. Juni für unerklärlich.

Augstein: »*Eine Polizei, die Frauen zusammenschlägt, ist, ich weiß es nicht anders, eine entmenschte Bande.*« (Er weiß es offenbar tatsächlich nicht anders.)

Kai Hermann in der ›Zeit‹ am 16.6.: »*Es ist ein sinnloses Unterfangen, in den sinnlosen Tod Benno Ohnesorgs Sinn hineininterpretieren zu wollen.*«

Der Leitartikler der ›Neuen Ruhr Zeitung‹ am 5.6.: »*Es gibt kein Argument, das dem Tod des Benno Ohnesorg nachträglich auch nur den geringsten Sinn verleihen könnte.*«

Die Frage nach dem System, das den Polizeiterror in Berlin hervorgebracht hat, nach dem System, das lieber seine Opposition zusammenschlägt und – schießt, als auf die Huldigungen für einen Polizeistaatschef zu verzichten, die Frage nach dem System bleibt tabu.

Vom Glauben an die Sinnlosigkeit und Unerklärbarkeit von Benno Ohnesorgs Tod, vom Glauben an die Unschuld des Systems ist es nur noch ein Schritt zu der Formel, nicht der Mörder, der Ermordete sei schuldig. Die Berliner ›BZ‹ am 3.6.: *»Wer den Terror produziert, muß Härte in Kauf nehmen.«*

Die ›Welt am Sonntag‹ am 4.6.: *»Die Randalierer, die die blutigen Zwischenfälle provozierten ...«*

Die ›Koblenzer Rhein-Zeitung‹ am 10./11.6.: *»Es ist billig, ›Mord‹ zu schreien, wenn unter den Schüssen eines Polizisten ein junges Menschenleben dahingeht. So bedauerlich jener Vorgang aber auch ist, man soll keinen Zweifel daran lassen, daß die moralische und politische Verantwortung dafür jene tragen, die jetzt den Spieß umdrehen und nach der alten Methode des ›Haltet den Dieb‹ ›Mord‹ schreien.«*

Und Thilo Koch in der ›Neuen Ruhr Zeitung‹ in systemverteidigender Verallgemeinerung: *»Der Haß ist eine Flamme, die in jedem Menschen darauf wartet, aufzulodern. Schuldig wird, wer sie nährt. Der Haß, der Benno Ohnesorg tötete, hatte zwei Ursachen: Die maßlose Provokation von seiten einiger extremistischer Studenten und die maßlose Unterdrückung dieser Provokation durch die Berliner Polizei.«*

Märchenbuchargumente das alles: Augsteins Polizei als entmenschte, als Räuberbande; Kai Hermanns »sinnloser Tod« – wohl durch die böse Fee; Thilo Kochs »flammender Haß« wie aus der Hinterhand von Hexen, Riesen und Zauberern. Das System ist tabu.

*Verschleierungsmodell 3:*
*Die Ordnung ist in Ordnung, verwirrt sind die andern*

Wenn das System tabu ist, ist die Ordnung in Ordnung, weiß der Teufel, wer die Polizei entmenscht hat. Dann müssen eben die, die Verwirrung gestiftet haben, Augstein verwirrt haben, verwirrt sein.

›Bild‹ (3.6.): *»Halbstarke Wirrköpfe.«* ›Hamburger Abendblatt‹ (5.6.): *»Dümmliche Halbstarke, wirrköpfige Cliquen.«*

Die ›Welt am Sonntag‹ (4.6.): *»Sie schwenken rote Fahnen und protestieren gegen alles, was westlich orientiert ist. Sie demonstrieren lauthals gegen Amerika, gegen Südvietnam, gegen Israel, gegen den Schah, gegen den deutschen Bundespräsidenten und schweigen zu allem, was der Osten sich an Verletzung der Menschenwürde leistet.«*

Dasselbe am nächsten Tag (5.6.) in der ›Passauer Neuen Presse‹ des Herrn Kapfinger: *»Die ›Maoisten‹ schwenken rote*

*Fahnen und Vietkongfahnen und protestieren gegen alles, was west-lich orientiert ist. Sie protestieren lauthals gegen ...«* usw. *»Die poli-tisch Halbblinden schweigen jedoch zu allem, was der Osten sich an Verletzungen der Menschenwürde leistet ...«*

Eben diesen Vorwurf, verwirrt zu sein, politisch halbblind, sich nicht erklären zu können, erhebt denn auch Rudolf Augstein seither. In seinem großen Kommentar Ende Juli 67 »Die Revolution und ihr ABC«:

*»Dutschkes Geschultheit und Denkdisziplin sind beachtlich, seine Vorstellungen von der künftigen Gesellschaft unklar bis wirr.«*

*»Die bestehende Ordnung umwälzen (Dutschke), die Gesellschaft verändern (Lefèvre), das sind große Vorhaben und, da sie offensicht-lich über die Kraft der Studenten gehen, große Worte.«*

*»Ich denke, man verlangt von den Studenten nicht zu viel, wenn man sie auffordert, ihre Absichten, wenn nicht zu erklären, dann doch wenigstens zu klären.«*

*»So schweben alle Absichten, die Gesellschaft zu verändern, in luf-tigen Räumen.«*


*Verschleierungsmodell 4:*
*Engagement, aber anders*

Wer sich schützend vor das System zu stellen wünscht, tut gut, tut das Notwendige, dem System Ratschläge zu erteilen, wie es sich bessern könnte, wie es besser mit der Opposition fertigwerden könnte, damit nicht wieder geschossen zu wer-den braucht und nicht wieder Tomaten fliegen und der Lärm aufhört und der Schah seine Ruhe hat und Johnson nicht länger beleidigt wird.

Das ›Hamburger Abendblatt‹ (10./11.6.), als es mit Schimpfen fertig war und sich etwas Neues ausdenken muß-te: *»Die Jugend, die studentische zumal, fühlt sich nicht ganz zu Hause in unserer windstillen, blassem Wohlverhalten verpflichteten Wohlstandsgesellschaft. Studentische Jugend will und soll sich enga-gieren. Aber woran soll sie sich orientieren, wofür engagieren?«*

Die ›Lübecker Nachrichten‹ (30.6.): *»Damit soll keineswegs ge-sagt sein, daß die Studenten die Finger vom politischen Engagement lassen sollen. Es geht nicht um das ob, sondern allein um das wie.«*

Und die ›Koblenzer Rhein-Zeitung‹ (10./11.6.): *»Unsere Jugend, auch die akademische, will das Engagement. Es ist ja nicht* *so, daß sie nur Wohlstandsparolen folgte. Im Gegenteil: Sie will sich harten Tatsachen stellen. Die jugendliche Bereitschaft zum Engagement ist gut. Sie ist sogar notwendig. Nur muß man fragen, zu welchem Engagement?«*

## ›Spiegel‹, Provinz - und Springerpresse

Und Rudolf Augstein: *»Gäbe es eine politische Partei, in der aufrichtig diskutiert und entschieden wird, würden viele dieser protestierenden Studenten sich für solch eine Partei engagieren.«*

Daß es sie nicht gibt, weiß Augstein, warum es sie nicht gibt, darüber denkt er nicht nach, das System ist tabu. So wie die ›Berliner Morgenpost‹ am 21. Oktober fragte: *»Was hat Fritz Teufel mit Vietnam zu tun?«* und die ›Rhein-Zeitung‹ sich ehrlich wunderte: *»Was hat der Vietkong, mit Verlaub zu sagen, mit akademischer Freiheit oder deren Gegenteil zu tun?«*

So begreift auch Rudolf Augstein nicht den Systemzusammenhang zwischen Klassenjustiz hier und einem imperialistischen Krieg dort, zwischen einer verweigerten Demokratiesierung des Hochschulwesens hier und verweigerter Demokratie in den Ländern der Dritten Welt. Augstein: *»Deutschlands Studenten haben außer einer undankbaren Hochschulreform kein Thema, sondern nur Abstraktheiten fern in Griechenland, Persien, Vietnam, China – meist Länder, die sie nur aus Druckschriften kennen.«*

Diese wohl befremdliche Übereinstimmung zwischen ›Spiegel‹, Provinz- und Springerpresse, diese Übereinstimmung der Abwehr- und Verschleierungsmodelle, die schon bei oberflächlicher, nicht systematischer Analyse ins Auge fällt, diese Begriffsstutzigkeit und begriffliche Unschärfe, die auffällt bei provinziellen Abschreibern, bei Springerschreibern, bei so einem doch zweifellos überlegenen Könnerjournalisten wie Augstein, will erklärt sein. Die hier ausgebreitete Erfahrung, daß es zwischen der liberalen und der Springerpresse nur noch diesen kleinen Unterschied gibt, daß die Springerpresse schon zu Ghettoisierung und Gewalt gegen Studenten aufruft, indes die Liberalen mehr pazifistische Ab-

135

wehrmethoden bevorzugen, sich insofern auch zur Springerpresse in Widerspruch bringen, will begründet sein. Aber ist
der Unterschied zwischen Gummiknüppel, Tränengas und
Judotrupps, für deren Einsatz die Springerpresse plädiert
(›BZ‹ 7.2.68) und Wasserwerfern, deren Einsatz Augstein eine
bare Selbstverständlichkeit nennt, so groß? Obwohl es doch
große Unterschiede zwischen ›Spiegel‹ und Springerpresse
gibt, wenn nicht von Studenten die Rede ist, von der Anerkennung der DDR statt dessen, der Oder-Neiße-Grenze, der
Großen Koalition, dem Bundespräsidenten, der Wiederzulas-
sung der KPD.

Sie rücken sich näher, die liberale Presse, die Springer- und
die Provinzpresse, wenn es nicht mehr nur um eine Änderung der Politik geht unter den bestehenden Herrschaftsver-
hältnissen, sondern um eine Änderung der bestehenden
Herrschaftsverhältnisse selbst. Und darum geht es in Vietnam und in Bahman Nirumands Persienbuch und darum
ging es bei den Demonstrationen gegen den Schah und
denen gegen den Vietnamkrieg. Sie rücken sich nicht einfach
näher, weil sie absichtlich und strikt daran interessiert sind,
die bestehenden Herrschaftsverhältnisse zu erhalten, sondern
wohl auch, weil es für sie keine Notwendigkeit gibt, sie mit-
zureflektieren, weil sie sich unter den bestehenden Verhält-
nissen ganz wohl fühlen. Wenn es für sie keine Notwendigkeit gibt, die bestehenden Herrschaftsverhältnissse mitzu-
reflektieren, können sie sich auch keine anderen vorstellen,
weil es tatsächlich schwer vorstellbar ist, daß bildzeitung-
lesende Massen hier und analphabetische Massen in Persien
und kinderreiche, vor sich hin dösende Massen in Südameri-
ka fähig werden könnten, ihr Leben und Geschick selbst in
die Hand zu nehmen, ihre Interessen selbst zu organisieren
und zu vertreten.

Dieser Prozeß aber hat in Vietnam begonnen, er ist denk-
bar geworden, die Studenten haben angefangen, das bekannt
und begreiflich zu machen – eine Presse, die ihnen dabei
behilflich wäre, gibt es nicht. Dem Nachrichtenboykott über
das, was die Studenten zu sagen haben, scheinen die, die
über sie schreiben, selbst erlegen zu sein.

Nr. 4, 1968

*Nguyen Cao Ky:* als fanatischer Antikommunist bekannter Regierungschef Südvietnams von 1965 bis 1967. Der ehemalige Befehlshaber der Luftwaffe flog bis 1965 selbst Bombereinsätze über Nordvietnam.

*Hans K. Kapfinger,* seit 1946 Inhaber der Allein-Lizenz für die ›Passauer Neue Presse‹; wurde als »Fibag-Spezi« von Franz-Josef Strauß in der Affäre um Häuserbau-Programme für Angehörige der US-Armee bekannt. Als einflußreicher Streiter gegen den »Linksdrall« in den Medien führte er mehrere Verleumdungsangriffe gegen Willy Brandt, wobei dessen »Vorleben« als Emigrant im Mittelpunkt stand.

# Visa-Zwang

Der Kanzler plant Gegenmaßnahmen, er will in Amerika vorstellig werden, man wird sich das nicht gefallen lassen, das wäre ja noch schöner. Was für Gegenmaßnahmen, ist zur Stunde noch nicht bekannt, man wird es denen schon geben, wie, wird sich noch zeigen. Nur, daß seit dem 13. August 1961 die ganze Aufregung keine Puste mehr hat. Wie oft auch der Kanzler zwischen Bonn und Berlin hin und her flattern mag – das nützt den Berlinern, die sich durch den Visa-Zwang der DDR gedemütigt und verunsichert fühlen, nichts; verblasene Sprüche sind kein Ersatz für Politik.

Daß es das gute Recht eines Staates ist – also auch der DDR –, Durchreisenden Durchreise-Visa abzuverlangen, ist selbstverständlich. Daß die Entrüstung der Herren in Bonn darüber, die nicht den geringsten Wert auf gute Beziehungen zu diesem Staat legen und kein Interesse daran haben, mit ihm über eine freundliche Behandlung Durchreisender zu verhandeln, daß diese Entrüstung keine moralische und kaum mehr eine Rechtsbasis hat, ist gleichfalls eine Binsenwahrheit.

Man fragt sich aber, welche politischen Zwecke die DDR mit dem Mittel des Visa-Zwangs erreichen, welche Tatsachen sie mit dieser Tatsache schaffen will. Was sie moralisierend die »Alleinvertretungsanmaßung« nennt, ist – moralisch – gewiß ein Skandal, rechtlich und völkerrechtlich nicht haltbar, vor allem aber auch ein Anachronismus, kein Hebel mehr, die DDR wieder abzuschaffen, kaum mehr ein Mittel der Selbstbehauptung der Bundesrepublik, wenngleich ein Mittel ihres – anachronistischen – Selbstverständnisses (jener Entwicklungsphase zuzurechnen, in der sich die Bundesrepublik als Provisorium verstand). Ihre Außen- und Innenpolitik werden längst nicht mehr durch den Fetisch der Alleinvertretung zusammengehalten, mehr durch NATO und Notstandsgesetze, durch ihre Interessen in der Dritten Welt und das durch die Notstandsgesetze geschaffene Instrumentarium, die innenpolitischen Kritiker in Schach zu halten.

Eben deshalb, weil der Alleinvertretungsanspruch der Bundesrepublik nur eine schmale materielle Basis hat – eine bundesrepublikanische Stimme in der UNO würde den amerikanischen Block nur um eine Stimme, auf die es nicht ankommt, vermehren; die Aufgabe der Hallsteindoktrin in den Ländern der Dritten Welt würde die stärkere US-amerikanische Präsenz in diesen Ländern nicht abbauen – eben deshalb, weil der Alleinvertretungsanspruch der Bundesrepublik ein Fetisch ist, dürfte er mit Zwangsmaßnahmen kaum greifbar sein.

Kann der Visa-Zwang den Alleinvertretungsfetisch nicht aufheben, wem dann will die DDR ihre Staatlichkeit mit diesem Mittel beweisen? Denen, die sich bei Fahrten durch die DDR ohnehin allen Kontrollen bereitwillig unterwerfen? Denen, die ihre Fahrtzeiten von Berlin nach München, Hamburg und Köln ohnehin unter Berücksichtigung des Aufenthaltes an den Grenzen berechnen? Diese Staatlichkeit steht doch wohl seit dem 13. August 1961 nicht im geringsten mehr in Frage.

Als Reaktion auf die Verabschiedung der Notstandsgesetze hat der Visa-Zwang schier gemeine Züge. Er trifft die gleichen Personen, die auch von den Notstandsgesetzen betroffen sind: Die Leute mit den niedrigen Einkommen, die mit Auto und Eisenbahn nach Westdeutschland und Berlin fahren, statt mit Flugzeug, Taxe und Mietwagen, in Urlaub, auf Besuch, zur Arbeit. Man kann mit solchen Maßnahmen den Kreis derer, die für die offizielle Anerkennung der DDR einzutreten interessiert sein mußten, nicht vergrößern; die Wut läßt sich kaum in Richtung Bonn kanalisieren, wo sie natürlich hingehört. Die Bundesrepublikaner und Westberliner dafür bestrafen zu wollen, daß sie die Verabschiedung der Notstandsgesetze nicht verhindert haben, ist nicht minder autoritär als die Notstandsgesetze selbst.

Braucht die DDR das Geld, das sie nun für die Visa einnimmt? Warum nicht? Aber außerhalb der DDR gibt es niemanden, der davon einen Nutzen hätte, dem dafür Einsicht abverlangt werden könnte. Und selbst wenn man den Bürgern der DDR das Geld einfach gönnt, weil sie es in den letzten zwanzig Jahren schwerer gehabt haben als die Bundesbürger, weil es da noch unbeglichene Kriegsfolgerechnungen gibt, selbst dann kommt man auf nicht mehr als auf Chruschtschows Gulasch-Kommunismus, ein bürgerlich

139

provinzieller Zweck, in nichts eine progressive Antwort auf die Probleme der Zeit: Notstand, NATO, imperialistische Gewalt in der Dritten Welt und in den Metropolen.

Die Linke in der Bundesrepublik und in Westberlin ist nicht antikommunistisch. Vor 10 Jahren noch, als die Staatlichkeit der DDR noch ungesichert war und Franz Josef Strauß in kleinem Kreis offen gestand, daß die Bundeswehr dazu da wäre, die DDR einzunehmen, daß das ihr strategischer Auftrag sei – damals konnte Kritik an der DDR noch als Antikommunismus vereinnahmt werden, für die Sicherung ihrer Staatlichkeit mit allen Mitteln gab es rationale Gründe. Sie hatte die Funktion, die imperialistischen Zielsetzungen der Bundesrepublik an einer wichtigen Stelle zu blockieren. Der 13. August 1961 war gerechtfertigt. Es sieht aber so aus, als wäre die Außenpolitik der DDR in diesem Stadium ihrer Entwicklung stehengeblieben, so wie die kommunistischen Parteien in Westeuropa im Stadium der Sozialreformen und des Parlamentarismus stehengeblieben sind; Parlamentssitze und Sozialstaatlichkeit sind denen nicht mehr Mittel proletarischen Klassenkampfes, sondern Selbstzwecke. So sichert in Frankreich die kommunistische Partei und ihre Gewerkschaft den Fortbestand des Kapitalismus in Frankreich, so zementiert die DDR mit ihren Maßnahmen zur Demonstration ihrer Staatlichkeit den Status quo, zeigt damit, daß ihr ihre Staatlichkeit zum Selbstzweck geworden ist. Der Visa-Zwang, weder Machtverhältnisse noch Bewußtsein verändernd, erweist sich so als das, als was er empfunden wird: als Schikane.

Die DDR, von der man zunehmend erwarten muß, daß ihr über der eigenen Konsolidierung der sozialistische Internationalismus wieder einfällt, deren Aufgabe es jetzt wäre, die Linke in der Bundesrepublik und Westberlin zu unterstützen, z. B. indem sie ihren eigenen Staat demokratisiert und so ein Beispiel gäbe für einen demokratischen Sozialismus, sie schürt mit bürokratischer Schikane jenen Antikommunismus, der gegen sie nichts mehr ausrichten kann, um so mehr gegen die Linke in der Bundesrepublik und in Westberlin.

Das alles erspart es der Linken freilich nicht, ihr Verhältnis zur DDR und ihre Erwartungen an die DDR zu durchdenken, zu formulieren, zu diskutieren. Die sogenannte deutsche Frage müßte sehr wohl noch zum Gegenstand und Inhalt außerparlamentarischer Politik gemacht werden. Der Fall muß gesehen, durchdacht, notfalls verhindert werden, daß die DDR in Deutschland eines Tages für uns die Rolle spielt, die die KPF gegenwärtig in Frankreich spielt – die Rolle der Konterrevolution.

Nr. 7, 1968

Im Frühsommer 1968 hatte die DDR die Paß- und Visapflicht für Besucher aus Westdeutschland eingeführt.

# ČSSR-Folgeerscheinungen

Die Ereignisse vom 21. August 1968 haben die Welt nur oberflächlich erschüttert, die politische Landkarte wurde nicht
verändert. EWG und COMECON, NATO- und Warschauer-
Pakt-Staaten sind drei Wochen danach schon wieder zur
Tagesordnung übergegangen. Daß es kein Blutbad gegeben
hat, zeigte auch denen, die noch daran zweifelten, daß der
Sozialismus in der Tschechoslowakei nicht in Gefahr war –
kein Hilferuf an den Westen, keine Stimmen, die den Aus-
tritt aus dem Warschauer Pakt ernsthaft gefordert hätten, keine antisowjetischen Provokationen außer Unmut-, Trauer-
und Protestäußerungen, kein blinder Haß gegen die Besatzer
– die Konterrevolutionäre, gegen die man zu Felde gezogen
war, sind nicht in Erscheinung getreten, doch wohl, weil es
sie nicht gegeben hat, nicht nennenswert. Eine Veränderung
weltpolitischer Kräfteverhältnisse wurde weder verhindert
noch bewirkt. Hubert Humphreys Wahlkampfthema ist Vietnam, Kiesinger flog nach Teheran, um deutsch-persische
gegen persisch-sowjetische Freundschaft auszuspielen, der
gute alte Lübke macht Schlagzeilen mit seinem Zu-guter-
Letzt-doch-noch-Rücktrittsangebot, Osthandel und Ostpoli-
tik gehen weiter. Mit den Worten der ›Prawda‹ vom 9. September: »Die Ereignisse in der ČSSR berühren in keiner
Weise die Interessen irgendeiner der NATO angehörenden
Regierungen« (›Frankfurter Rundschau‹ vom 10.9.), eine
glaubwürdige, keine Schutz-Behauptung.

Eben dies ist der Sowjetunion vorzuwerfen und hat eben
überhaupt nichts mit Antikommunismus zu tun, wie die
Interventionsmächte bis hin zur deutschen KP es auslegen
möchten, daß ihr Schlag gegen die Tschechoslowakei keinen
Stellenwert hat in einer anti-imperialistischen Globalstrate-
gie. Sie macht in Nigeria gemeinsame Sache mit den Englän-
dern, sie unterstützt Ägypten kritiklos, um im Mittelmeer
militärisch präsent sein zu können, und der Schah von Persi-
en konnte der Bundesrepublik mit verstärktem Handel mit
der Sowjetunion als Antwort auf die Studentenproteste gegen
ihn drohen. (Zum Themenkatalog des Kanzlers in Teheran
gehört die Einstellung der deutschen Nachrichtenmedien

zum Iran, ist sie zu kritisch, springt die Sowjetunion in die Bresche.) Daß die sowjetische Intervention die Interessen der NATO gar nicht berührt, eben dies ist der Sowjetunion vorzuwerfen. Ihre Koexistenz-Politik, ideologischer Überbau zum Besitz der Atombombe, zu dem materiellen Bedürfnis, den Rüstungsetat einfrieren zu lassen, ist zur baren Sicherung von Demarkationslinien denaturiert, zur Konsolidierung von Einflußbereichen. Ihr historisches Verdienst, den deutschen Faschismus in Stalingrad besiegt zu haben und durch die Entwicklung eigener Nuklearwaffen eine Wiederholung von Hiroshima und Nagasaki verhindert zu haben, hat keine Fortsetzung in einer anti-imperialistischen Gegenwartspolitik gefunden. Die Entsolidarisierung der Kommunistischen Parteien Westeuropas und der Dritten Welt als Reaktion auf den 21. August 68 war von der Sowjetunion längst vorweggenommen worden.

Die Ereignisse berühren die Interessen der NATO-Regierungen nicht. Der hochgespülte, provozierte Antikommunismus berührt eher die Interessen der Linken in den NATO-Ländern, die mit den aggressiven Schuldgefühlen jener Deutschen fertig werden müssen, die Hitlers Einmarsch in die Tschechoslowakei nun antikommunistisch abreagieren, mit einem Franz Josef Strauß, der plötzlich wieder Außen- und Verteidigungspolitik großeuropäisch konzipiert (Günter Gaus: Zu Protokoll am 8.9.), einem Kiesinger, der schön tut mit dem Schah.

Was in Prag abgewürgt worden ist, waren Wirtschaftsreformen, die nach 20 Jahren Sozialismus nach stalinistisch-sowjetischem Muster in sowjetischer Abhängigkeit zwingend notwendig geworden waren. Gewiß war der Demokratisierungsprozeß dabei mehr auf die Bereiche der Meinungsfreiheit beschränkt; mit dem Stalinismus wurde mehr publizistisch abgerechnet, indes die Wirtschaftsreform technokratisch geplant wurde. Eine Demokratisierung der Wirtschaft durch Mitbestimmung der Produzenten im Bereich von Arbeitsorganisation, Investitionen und Produktion stand kaum im Programm. Eine Politisierung der Massen im Bereich der Produktion, eine Ablösung bürokratischer Apparate durch Räte-Organisationen – das waren nicht die Inhalte der Prager Reformen. Daß sie es nicht waren, daß statt dessen

143

Lou van Burgs Goldener Schuß die Tschechen begeistert haben soll, daß Reisen in die Bundesrepublik sie mehr interessiert zu haben scheinen als Solidarität mit dem Vietkong – waren das keine Übergangserscheinungen, so waren es doch Folgeerscheinungen von 20 Jahren Sozialismus nach sowjetischem Muster; Folgeerscheinungen einer sozialistischen Erziehung des Volkes mit dem Nürnberger Trichter statt Kulturrevolution.

Die Osterunruhen in der Bundesrepublik und Westberlin, der Mai in Frankreich, die Reformen in der ČSSR, Studentenunruhen in Polen, Italien, den skandinavischen Ländern und den USA – es waren alles noch erst Reaktionen auf die Politik der etablierten Mächte, sie liefen ab ohne internationalen Zusammenhang, ohne viel gegenseitige Kritik, ohne Solidarisierung. Bei der Herstellung eines internationalen Zusammenhanges der antiautoritären Bewegungen wird die Rolle der Sowjetunion neu zu bestimmen sein. Das Tabu, das ihre Politik für die europäische Linke bisher darstellte, hat sie selbst gebrochen.

Nr. 11, 1968

Am 21. August 1968 marschierten sowjetische und andere Truppen der Warschauer-Pakt-Staaten in die ČSSR ein und bereiteten dem »Prager Frühling« unter Alexander Dubˇcek ein gewaltsames Ende.

*COMECON:* Council for Mutual Economic Assistance; auf Initiative der Sowjetunion hin 1949 gegründete Wirtschaftsorganisation sozialistischer Staaten, vor allem Osteuropas.

Am 14. Oktober 1968 hatte Bundespräsident *Lübke* auf einem Empfang anläßlich seines 74. Geburtstages bekanntgegeben, daß er am 30. Juni 1969, drei Monate vor Ablauf seiner Amtszeit, zurücktreten werde.

*Lou van Burgs Goldener Schuß:* Unterhaltungssendung des deutschen Fernsehens.

# Alle reden vom Wetter

...wir nicht. Das kam unverhofft, aber nicht aus heiterem Himmel. Der Iran ist wirklich eines der bestfunktionierenden Entwicklungsländer, der Schah einer der bestfunktionierenden Despoten in der Dritten Welt, das persische Öl fest in seinen Händen und in den Händen amerikanischer, englischer, französischer Ölgesellschaften, die persische Opposition in den Kerkern der Geheimpolizei – seit dem Sturz Mossadeghs hatte es lange keine Klagen mehr gegeben. Als Nirumands Persienbuch auf den deutschen Buchmarkt kam, war das Desinteresse allgemein – was soll schon mit Persien los sein, der Schah ein Beau, die Frau hatte gerade eine Schlankheitskur gemacht, na und? Und dann kam dieser unselige Polizei-Staatsbesuch. Da ging eine Fassade zu Bruch. In Berlin knüppelte die Polizei, wie sie es lange nicht mehr getan hatte. In Hamburg leitete der Innensenator Ruhnau die Vorbeugehaft ein. Jubel-Perser gingen, von der Polizei ungehindert, auf deutsche und persische Studenten los. Die Wahrheit über das Terror-Regime des Schahs wurde weltöffentlich, gleichzeitig formierte sich hier eine außerparlamentarische Opposition.

Die Erkenntnis der Interessengleichheit zwischen westdeutschem Kapital und dem iranischen Terror-Regime wurde den Studenten buchstäblich eingeprügelt, eingeprügelt wurde ihnen die Einsicht in die Notwendigkeit der Zusammenarbeit zwischen der Opposition hier – in den Metropolen – und der Opposition in den Ländern der Dritten Welt. Bahman Nirumand hatte diesem Erkenntnisprozeß durch sein Buch den Stoff geliefert. Durch seine Arbeit in der Konföderation iranischer Studenten und in der deutschen Studentenbewegung repräsentiert er wie kaum ein anderer gegenwärtig den Prozeß der Internationalisierung der antiimperialistischen Bewegungen. Der Versuch, ihn durch die Ablehnung einer Aufenthaltsgenehmigung hier loszuwerden, ist der Versuch, in den Prozeß der Internationalisierung der sozialistischen Bewegung einzugreifen, ihn aufzuhalten, wenn nicht zu zerschlagen. Mag sein, daß die, die ihn ausweisen wollen, die Rolle eines einzelnen überschätzen – die Absicht ist klar erkennbar, zumal Nirumand zweifellos ein wichtiger einzelner für die Konföderation und die APO ist.

Die Machenschaften liegen zudem auf der Hand, deren Resultat Nirumands Ausweisung ist. Der Hauptgeschäftsführer des Bundesverbandes der Industrie, Prof. Stein (CDU), hatte nach dem Lücke-Besuch im September 1967 einen Bericht vorgelegt, in dem er dringend darum bat, die Verstimmung des Schahs über die Unruhen hier nicht zu unterschätzen, in dem er auf die Gefahr hinwies, daß der Schah – gekränkt, wie er nun einmal war – seine Handelsbeziehungen zu Ostblockstaaten intensivieren werde, wenn es nicht gelänge, ihm Genugtuung zu verschaffen. Und was sollte Kiesingers Versprechen in Teheran 1968 bezüglich einer sachlichen Iran-Berichterstattung in den deutschen Massenmedien anderes bedeuten, als daß der Aufklärungsarbeit der Konföderation iranischer Studenten entgegengetreten werde. Mit der Ausweisung Nirumands wird diese Zusage zumindest teilweise eingelöst. – Die deutsche Wirtschaft hat den Drohungen des Schahs, Bonn dem Druck der deutschen Wirtschaft nachgegeben. Peinlich, wie das alles auf der Hand liegt. Peinlich, wie sich diese Politiker zu Handlungsgehilfen des Schahs, zu Vollstreckungsbeamten von Profitinteressen machen lassen, wie sie nicht einmal das Format haben, die Widersprüche in ihrem System zu kaschieren: Den Widerspruch zwischen den Interessen des deutschen Kapitals im Iran und der Taktik des politischen Establishments, den SDS innerhalb der deutschen Studentenschaft zu isolieren durch Reformangebote; die Radikalen von den sogenannten Gutwilligen zu trennen. Die Ausweisung Nirumands droht gerade jene massenhafte Solidarisierung und Politisierung zu provozieren, die man vermeiden möchte. Ein Widerspruch, der der Linken nützt, weil eine intelligente Senatspolitik Nirumand jetzt die Aufenthaltsgenehmigung nachschmeißen müßte, die wir für ihn haben wollen.

Der Fall Nirumand hat eine humanitäre Seite, auf die protestierend hinzuweisen noch unpolitisch ist, nur als moralischer Appell verstanden werden kann, weder Lernprozesse initiieren kann, noch das System verletzen: daß Nirumand mit einer deutschen Frau verheiratet ist und seine Tochter Mariam im vergangenen Herbst in Berlin eingeschult wurde;

daß diese Familie, die zusammenbleiben will, durch die Verweigerung einer Aufenthaltsgenehmigung zerstört oder zur Flüchtlingsfamilie würde, daß Frau und Kind aus ihren Lebensbereichen herausgerissen würden. Warum kann sich hier der Protest nur gegen ein unzumutbares »Schicksal« richten, warum ist er politisch irrelevant, mobilisiert nichts, außer Tränendrüsen?

Weil die Frauen in dieser Gesellschaft nicht erst ausgewiesen werden müssen, um politisch lahmgelegt zu werden. Ihre gesellschaftliche Arbeit als Erzieherinnen ihrer Kinder spielt sich in der Isolation ihres Privatlebens ab, wenngleich nicht gemäß ihren eigenen Bedürfnissen und denen der Kinder, sondern gemäß den herrschenden Normen einer Leistungsgesellschaft – spätestens die Schule verlangt ihnen das ab –, aber privat und isoliert. Die Erfahrungen, die sie dabei machen, behalten sie für sich, ihre Schwierigkeiten werden nicht öffentlich. Ihre Kinder, für die sie unentbehrlich sind, können sie bei einer Ausweisung mitnehmen, ihre Erfahrungen und Schwierigkeiten auch. Als Arbeiterinnen – so wie Frauenarbeit beschaffen ist – sind sie im übrigen austauschbar, als Konsumentinnen ebenfalls. Als unersetzliche, nicht austauschbare Person sind Frauen in dieser Gesellschaft nicht wahrnehmbar. Das wäre anders, wenn es schon funktionierende Frauen-Organisationen auf der Linken gäbe, diese könnten und würden wohl auch darauf hinweisen, daß der unpolitische Charakter des Protestes wegen der Frau von Bahman Nirumand selbst ein Moment der Unterdrückung der Frauen ist, auf der Nichtanerkennung ihrer Bedürfnisse beruht, darauf, daß es für sie besonders schwer ist, ihre privaten Belastungen als gesellschaftliche zu begreifen und gesellschaftlich zu organisieren. Es ist unpolitisch, wegen der Frau zu protestieren, weil Frauensachen humanitäre, menschliche Sachen sind – da reden doch wieder alle vom Wetter; was da als unpolitisch empfunden wird, ist die noch ganz und gar nicht begriffene, die noch nahezu total verinnerlichte Unterdrückung der Frauen.

Für eine Schulpädagogik, die Kinder zu Stoff-Konsumenten macht, sind die Kinder austauschbar. Wäre Mariam Nirumand in einem antiautoritären Kindergarten – sie ist schon zu alt für die gegenwärtig laufenden Projekte –, dann würde durch ihre Ausweisung die Gruppenstruktur ihrer Kindergruppe zerstört. Kinder und Eltern hätten ein vitales Interesse daran, ihre Ausweisung zu verhindern, die Zerstörung ihrer gesellschaftlich relevanten Arbeit in dem Kindergarten zu verhindern – es wäre ein politisch relevanter Protest. Lebten Nirumands in einer Großfamilie, wie das neulich an skandinavischen Beispielen im Fernsehen demonstriert wurde, wäre der Protest wegen der Frau und des Kindes nicht mehr unpolitisch, weil die Biographie von ihr und dem Kind nicht mehr ihre bare Privatangelegenheit wäre.

Wir haben den Zusammenhang zwischen Konsum- und Polizei-Terror hier und den Interessen des deutschen Kapitals an der Ausbeutung des persischen Volkes begriffen. Den Zusammenhang zwischen den Profitinteressen des deutschen Kapitals und der Unterdrückung der Frauen und Kinder haben wir noch kaum erkannt. Dann erst, wenn der Protest wegen der Frau und des Kindes nicht mehr an Schicksal und Gleichberechtigung appelliert, sondern die Klassenstruktur der kapitalistischen Gesellschaft angreift, zu deren strukturellen Merkmalen die Unterdrückung von Frauen und Kindern gehört, dann wird auch kein Senat es mehr wagen, Bahman Nirumand die Aufenthaltsgenehmigung zu verweigern. Wir müssen aufhören, in bezug auf Frauen und Kinder vom Wetter zu reden.

Nr. 4, 1969

*Bahman Nirumand*, damals in Westberlin lebender Iraner, hatte 1967 in: Persien. Modell eines Entwicklungslandes, eine schneidende Kritik an der Politik des Schah in Persien veröffentlicht, ein Buch, das für den Antiimperialismus und Internationalismus der Revolte wichtig wurde.

# Gustav, Gustav

Von einem »Machtwechsel« kann keine Rede sein. Seine Wahl ist das Zufallsprodukt von Parteien-Rancune, ebenso zufällig hätte Schröder Präsident werden können.

Die bundesrepublikanische Oberschicht, für die sozialdemokratisch immer noch identisch mit »Rot« ist, wird die Erfahrung machen, daß man auch dann noch unter sich ist, wenn ein Sozialdemokrat die Brücke, das Schiff, das neue Haus einweiht – ach, Gott, werden die Rotarier sagen, er ist wirklich sehr nett –, und das stimmt sogar.

Die Integrität der Person Heinemann ist einfach sympathisch, auch wenn sie politisch nicht viel mehr bedeutet als der Seltenheitswert einer Briefmarke. Das macht den Unterschied, daß man in Zukunft beim Frühstück Politiker-Zitate lesen kann, die nicht nur verblasen und sentimental sind, nichts als Verlautbarungen, Sprüche, Statements, Dementis, statt dessen welche, bei denen sich der Sprecher selbst was gedacht und ausgedacht hat. Halt kein Repräsentant des deutschen Bildungsnotstands, kein alter Nazi, kein verkannter Dichter, kein eigentlicher – ein schöner alter Sessel, keine Ledergarnitur –, das macht einfach Spaß, atmosphärisch gewissermaßen. Nur bedeutet es nichts.

Dabei ist es nebensächlich, daß auch seiner Person am Zeug geflickt werden kann, sie hat ihren Preis, diese persönliche Integrität. Heinemann hat das, was er politisch für richtig hielt – und das hatte seinerzeit auch seinen progressiven Sinn –, zwar stets zur Kenntnis gegeben, sogar persönliche Konsequenzen hat er gezogen, gekämpft hat er nicht, durchgesetzt wenig. Er äußerte Zweifel an den Notstandsgesetzen, aber als es zum Schwur kam, hat er zugestimmt. So betrieb er seine GVP nur so lange, als er damit populär war, dann ging er in den Vorstand der SPD, seine Mitstreiter ließ er hängen. So schlug er nach dem Anschlag auf Rudi Dutschke – Ostern 68 – eine Amnestie für alle vor und begnügte sich dann schnell mit ein bißchen Strafrechtsreform, so daß die Kommunisten frei wurden und Plätze frei für die Urteilsvollstreckung von Studentenprozessen. So ritt er zusammen mit Thomas Dehler 1958 eine glanzvolle Attacke gegen

Adenauers Deutschlandpolitik und trat später in die Große Koalition ein. So stellt er heute die Glaubwürdigkeit seiner Person einem Staat zur Verfügung, der – gemessen an Heinemanns Demokratiebegriff – absolut unglaubwürdig ist. Er ist ebenso integer wie integriert.

Kann man zugleich klug, anständig und Bundespräsident sein? In dem alten Witz über die Nazis schlossen jedenfalls immer zwei dieser Eigenschaften die dritte aus.

Die Frage bleibt, ob er mehr sein wird als ein Aushängeschild und welche Funktion Aushängeschilder haben.

*Mehr* wird er nicht sein. Er hat nie gekämpft, warum sollte er es jetzt plötzlich tun. Er wird ab und an sagen, was er für richtig hält, das wird Anstoß erregen, dann wird er – wie eben erst – sagen, das sei doch nichts Besonderes, Kiesinger habe neulich dasselbe gesagt, er wird nicht ausscheren. Indem er die Wahl annahm, nahm er zudem die Beschränkungen des Amtes an, er hat versprochen, sich daran zu halten. Wenn Strauß Kanzler wird, wird man um seine Zustimmung zittern. Er wird zögern, sie zögernd geben. Für andere Erwartungen liegt kein Grund vor.

Bleibt das Aushängeschild. Obwohl der Faschisierungsprozeß in der Bundesrepublik und Westberlin munter voranschreitet, wird Heinemanns Wahl im In- und Ausland als Sieg der Demokratie, der Demokraten gefeiert. Obwohl die Beschränkung von Grundrechten allerorts geplant und durchgeführt wird – die Vorbeugehaft steht z. B. ins Haus –, wird die Abwahl des Justizministers Heinemann, der die Vorbeugehaft ablehnt, als ein Schuß vor den Bug der Faschisierer erlebt. Obwohl Heinemanns Wähler dieselben sind, die den Polizeiterror gegen die Linke verschärfen, freuen sich die Opfer des Polizeiterrors über seine Wahl und setzen Hoffnungen auf ihn. So dient seine Person der Verschleierung dessen, was sich tatsächlich abspielt, weckt Illusionen, falsche Hoffnungen, lähmt, täuscht. Er verschafft den Faschisierern Vertrauenskredit im Ausland, gräbt den linken Kritikern der Bundesrepublik im In- und Ausland das Wasser ab, isoliert die Linke von ihren Sympathisanten, drängt sie noch mehr in die Defensive, liefert sie aus.

Er streut Sand in die Augen, weil seine rechtsstaatliche Redlichkeit im Widerspruch steht zur tatsächlichen Entwicklung, sein Begriff von Rechtsstaatlichkeit von der Wirklichkeit längst überholt, überrollt ist. Das zu verschleiern, dazu wird er gebraucht, deshalb wurde er gewählt. Das aber ist zugleich und immer noch auch die Schwäche des Systems, daß es den Schein von Rechtsstaatlichkeit nicht aufgeben kann; was da Sand in die Augen ist, ist auch Sand im Getriebe. Deshalb sind Strauß und Konsorten so sauer.

So wie die Rede vom Staatsbürger in Uniform die Funktion der Bundeswehr verschleiert, zugleich aber auch ihre Instrumentalisierung als Staat im Staat und Bürgerkriegsarmee verzögert hat, so dürfte auch Heinemanns Präsidentschaft den Faschisierungsprozeß in der Bundesrepublik und Westberlin gleichzeitig verschleiern und retardieren. Nicht, daß er als Person eingreifen wird, wohl aber, daß in dem von ihm gelieferten Schein von Rechtsstaatlichkeit ein Spielraum offen sein wird, der benutzt werden kann. Die falschen Erwartungen, die er weckt, können zum Anspruch umfunktioniert werden.

Welche der Doppelfunktionen des Aushängeschildes Heinemann – die verschleiernde oder die retardierende – mehr wiegt, kann nicht logisch, kann nur in der politischen Praxis entschieden werden. Die Linken hätten Heinemann nicht gewählt. Nun aber, da er Bundespräsident wird, sollte mit den spezifischen Bedingungen dieser Bundespräsidentschaft gerechnet werden. Die Schwächen des Systems sind ausnutzbar. Der Unterschied zwischen Schröder und Heinemann ist leider immer noch der Rede wert.

Nr. 7, 1969

Am 5. März 1969 wurde mit *Gustav Heinemann* erstmals ein Sozialdemokrat zum Bundespräsidenten gewählt. SPD und FDP sahen darin einen »Machtwechsel«, die ›Zürcher Zeitung‹ »ein Symptom für den Wandel des politischen Klimas in der Bundesrepublik«. Gegenkandidat war *Gerhard Schröder* (CDU), seit 1966 Verteidigungsminister im Kabinett Kiesingers.

Die *Gesamtdeutsche Volkspartei (GVP)* wurde 1952 u. a. von Heinemann aus Opposition gegen die Politik der Wiederbewaffnung und Westintegration gegründet. Nach einigen Wahlmißerfolgen und der Auflösung der GVP 1957 empfahl Heinemann den Mitgliedern, in die SPD überzutreten.

# Nachwort

Als 1980, vier Jahre nach ihrem Tod, die erste Textsammlung (»Die Würde des Menschen ist antastbar«) erschien, mußte man daran erinnern, daß Ulrike Marie Meinhof *mehr* war als eine starre Ikone oder ein verblassendes Symbol – als Opfer im bedingungslosen Kampf gegen das System auf der einen Seite, als »Staatsfeindin Nr. 1« auf der anderen. Man mußte erinnern an die dialektische Schärfe einer hochtalentierten Journalistin, die sich nicht mit Schlagworten begnügen mochte, sondern die Verhältnisse beschrieb, wie sie sein sollten und wie sie dennoch nicht waren.

Klaus Wagenbach bemerkte damals in seinem Nachwort: »Die Kolumnen Ulrike Meinhofs lassen sich auch heute noch lesen als Versuch (und zwar erfolgreich, ebenso erfolgreich wie ›konkret‹, das in seiner besten Zeit eine Auflage von mehr als 200 000 Exemplaren hatte) der Selbstverständigung der Linken, die sich beharrlich aus dem Abseits herausarbeitete. Sie lassen sich lesen als die Geschichte der politischen Wende, als Geschichte einer selbstbewußt werdenden Linken.«

Was diese Texte aber auch begreifen ließen, war die Zwangsläufigkeit, mit der eine selbstbewußt werdende Linke nach dem Godesberger Programm der SPD und der »Großen Koalition« immer ›außerparlamentarischer‹ wurde, sich immer mehr – wenn auch zögernd – radikalisierte. Der Weg dieser Opposition führte von der Herstellung öffentlicher Aufmerksamkeit gegenüber tabuierten Themen wie der Wiederbewaffnung, der atomaren Aufrüstung oder dem Vietnam-Krieg zur politischen Aktion; bei einer kleinen Gruppe endete dieser Weg im Untergrund und im bewaffneten Kampf. Der Weg deutet sich bei Ulrike Marie Meinhof schon früh an: immer wieder spricht sie von der Verzweiflung, von dem Gefühl, mit Schreiben allein nichts ändern zu können.

Heute, nicht nur lange nach Meinhofs Tod, sondern auch lange nach dem Zusammenbruch des östlichen Bündnissystems, scheint es, als ob linke Utopien überholt und damit die intellektuelle Auseinandersetzung darüber hinfällig seien, und ebenso auch, als ob die damalige Radikalisierung schädlich gewesen sei. Es ist sogar üblich, fast modisch geworden zu bezweifeln, daß die 68er Generation etwas bewirkt hätte. Liest man aber die Texte Ulrike Marie Meinhofs – und dies gilt um so mehr für diese Auswahl, deren Schwerpunkt auf den tagespolitischen Themen liegt –, stellt man erstaunt fest, daß sie eine Welt und ihre (autoritären) politischen Zustände beschreiben, die heute fast vergessen oder für Jüngere oft gar nicht mehr vorstellbar sind.

Drei Beispiele machen dies besonders deutlich: der Umgang mit der NS-Vergangenheit, die Rüstungspolitik und das Recht auf freie Meinungsäußerung.

Im ersten Fall zeigt Ulrike Marie Meinhof immer von neuem die Kontinuität, den unbeschadeten Übergang der Funktionseliten von einem zum anderen System. Wie selbstverständlich saßen die kleineren, aber auch mittlere Funktionsträger wieder an den Schalthebeln einer ›neuen‹ Gesellschaft, versuchten zu verdecken oder herunterzuspielen, welches *ihre* Rolle im 3. Reich gewesen war. Das, was Ulrike Marie Meinhof begreiflich macht, ist, daß es sich dabei nicht um Menschen handelt, die vielleicht einmal einen Fehler begangen haben, den man nachsehen muß, sondern vielmehr um brauchbare Rädchen im System. »Offenbar kann man auf Beamte und Juristen von solcher Staatstreue, solcher Skrupellosigkeit, solcher Gesinnungslumperei nicht verzichten«, schreibt sie über den Nazi-Richter Fränkel, der elf Jahre Bundesanwalt sein konnte (Seite 55 ff.).

Die Wiederbewaffnung – und vor allem die atomare Aufrüstung – begreift Ulrike Marie Meinhof als einen der größten Fehler der Nachkriegszeit. Der durch die bitteren Erfahrungen des Kriegs erstaunlich wenig irritierte deutsche Militarismus und das oft nur mühsam verhohlene Gebietsanspruchsdenken machten es der CDU-Regierung leicht, die Wiederherstellung einer funktionsfähigen Armee als notwendig, defensiv (Einbindung in westliche Bündnissysteme gegen die drohende Gefahr aus dem Osten) und vor allem als harmlos darzustellen, wie die Zivilschutzfibel zeigt (S. 77 ff.).

Auf die überall gegenwärtige, teils stillschweigende, teils offen begrüßte Beschneidung der freien Meinungsäußerung schließlich machte Ulrike Marie Meinhof an vielen Beispielen aufmerksam: an der Veröffentlichung eines Rotbuchs mit Listen von Intellektuellen, die sich gegen die bundesrepublikanische Atompolitik wandten (S. 14 ff.), an den Kampagnen der Springer-Presse, am Versuch des »Adenauer-Fernsehens« (S. 80 ff.) oder an der Berichterstattung über Studentendemonstrationen (S. 126 ff., 130 ff.). Sie erinnert uns heute daran, daß es noch in den sechziger Jahren ungewöhnlich und mutig war, das zu tun, was längst als Grundrecht bestand, in Deutschland aber bis dahin nie eingeübt, sondern eher unterbunden worden war und deshalb suspekt blieb: das zu sagen, was man für richtig hielt.

Auch bei anderen Themen, die Ulrike Marie Meinhof beschäftigen, stellen wir als heutige Leser erleichtert fest, daß inzwischen in Deutschland manche Sorglosigkeit und Ruppigkeit im Umgang mit Schwächeren oder Randgruppen geringer geworden ist, daß wir nicht mehr in Gänze zulassen, was die politische Opportunität angeblich fordert: die autoritäre Fürsorgeerziehung (über die Ulrike Marie Meinhof den Fernsehfilm »Bambule« drehte), die soziale Ausgrenzung der Gastarbeiter, die Benachteiligung der Frauen (auch innerhalb der Linken).

Was diese unterschiedlichen Themen zusammenbindet, ist die Frage nach dem Verhältnis zwischen demokratischer Theorie und (un)demokratischer Praxis. Die Voraussetzungen, die die Verfasser des Grundgesetzes geschaffen hatten, hielt Ulrike Marie Meinhof für gut, oder zumindest für brauchbar, um damit eine demokratische Gesellschaft aufzubauen. Der DDR brachte sie Sympathie entgegen – ohne auch dort kritiklos die Beschneidung der persönlichen Entfaltung hinzunehmen. »Bei uns in der Bundesrepublik« schreibt sie und begreift diesen Staat so durchaus als den ihren; nicht diesen Staat stellt sie in Frage (obwohl für sofortigen Friedensschluß und Wiedervereinigung eintretend), sondern das, was die Regierenden aus ihm gemacht haben – und was die Regierten mit sich machen lassen. Erst zögernd stellt sie die Frage nach der Überbrückbarkeit dieser Distanz, erst spät begreift sie sich nicht mehr als Teil des Systems und nimmt teil an einem Rigorismus, der sagt: »Entweder du bist ein Teil des Problems, oder du bist ein Teil der Lösung«.

Was Ulrike Marie Meinhofs Artikel, Polemiken, Aufsätze formal auszeichnet, ist die diskursive, rhetorisch hochartifizielle Art zu argumentieren. Häufig folgt sie dabei demselben Aufbau: zunächst beschreibt sie einen aktuellen Vorfall oder schon länger dauernden Zustand, um dann zu zeigen, wie es eigentlich sein müßte. Oder: was jemand vor 1945 gemacht hat und wie er danach redet. Durch diese Gegenüberstellung, am Ende meist nochmals thesenhaft verknappt, gelingt es ihr, eine vermeintliche Objektivität zu durchbrechen, ein scheinbar korrektes Verhalten oder Vorgehen als bloße politische Taktik sichtbar zu machen.

In der Argumentationsweise und Wahl des Vokabulars wird freilich die zunehmende Radikalisierung spürbar. Aus dem »so *ist* es und so *soll* es sein« wird ein »das eine *kontra* das andere« und schließlich das oben erwähnte »*entweder – oder*«. Ihr Ton wirkt mehr und mehr gehetzt, fast apokalyptisch. Ihre Prognosen scheinen häufig überzogen – leicht ließe sich einwenden, vieles sei doch nicht in dem von ihr prophezeiten Ausmaß eingetreten. Aber: hätten weniger drastische Darstellungen überhaupt etwas bewirkt?

Die heute oft kaum mehr verständliche Radikalisierung – nicht nur Ulrike Marie Meinhofs – wird aus dem historischen Abstand also erst greifbar. Dieser Abstand und diese Veränderungen machen diese Texte so interessant; denn neben einem eher gedankenlosen Gefühl »glücklicherweise ist vieles anders geworden«, schleicht sich doch ein Gedanke ein: wie gering oft die Veränderungen sind, wie aktuell viele der politischen und gesellschaftlichen Forderungen noch heute. Mit anderen Worten: wie wenig hinfällig das Ausmessen der Distanz zwischen Anspruch und Wirklichkeit, zwischen der Vorstellung einer Gesellschaft, wie sie sein könnte und der, wie sie ist.

Susanne Schüssler

# Zeittafel

**1934**   *7. Oktober:* Ulrike Marie Meinhof wird in Oldenburg geboren.

**1939**   Tod des Vaters von Ulrike M. Meinhof, des Kunsthistorikers Dr. Werner Meinhof, seit 1936 Direktor des Stadtmuseums in Jena

**1946**   Die Familie Meinhof verläßt die sowjetisch besetzte Zone und zieht von Jena nach Oldenburg, wo Ulrike M. Meinhof das Gymnasium besucht.

**1948**   Tod der Mutter von Ulrike M. Meinhof, der Kunsthistorikerin Dr. Ingeborg Meinhof; fortan wächst Ulrike mit ihrer älteren Schwester unter der gesetzlichen Vormundschaft der Historikerin und späteren Mitbegründerin der »Deutschen Friedens-Union«, Prof. Renate Riemeck, auf.

**1949**   *14. August:* Erste Wahlen zum Deutschen Bundestag (Ergebnis: CDU 31,0%; SPD 29,2%; LPD, später FDP 11,9%; KPD 5,7%); Konrad Adenauer wird Bundeskanzler.

**1951**   *30. Januar:* Der DDR-Ministerpräsident schlägt zur Wiederherstellung der deutschen Einheit die Bildung eines »gesamtdeutschen Rates« vor.
*24. April:* Eine Volksbefragung zur Frage der Wiederaufrüstung wird von der Bundesregierung verboten.
*26. Juli:* Die Bundesregierung verbietet die »Vereinigung der Verfolgten des Naziregimes«.

**1952**   Renate Riemeck erhält eine Professur am Pädagogischen Institut in Weilburg; Ulrike M. Meinhof besucht hier das Philippinum und engagiert sich in der Schülermitverwaltung.

**1953**   *6. September:* Wahlen zum Bundestag (Ergebnis: CDU 45,2%; SPD 28,8%; FDP 9,5%; BHE 5,9%; DP 3,3%; KPD 2,2%); Konrad Adenauer wird wieder Bundeskanzler.

**1954**   *23. Oktober:* Pariser Verträge: die BRD wird in die Westeuropäische Union aufgenommen, ihr Beitritt zur NATO (am 9. 5. 1955 vollzogen) beschlossen.
*29. November bis 2. Dezember:* Ostblockkonferenz in Moskau: Angebot freier gesamtdeutscher Wahlen gegen den Verzicht auf die Wiederbewaffnung der BRD.

**1955**   Ulrike M. Meinhof legt das Abitur ab und beginnt in Marburg ihr Studium der Philosophie, Pädagogik, Soziologie und Germanistik.
*25. Januar:* Die Sowjetunion erklärt den Kriegszustand mit Deutschland für beendet.
*7. Dezember:* Bundesaußenminister Heinrich von Brentano erläutert die »Hallstein-Doktrin«.

156

**1956**   *7. Juli:* Allgemeine Wehrpflicht in der BRD.
*17. August:* Die KPD wird vom Bundesverfassungsgericht als verfassungsfeindlich verboten.

**1957**   Ulrike M. Meinhof wechselt zum Wintersemester an die Uni Münster. Sie wird Sprecherin des »Anti-Atomtod-Ausschusses«, der sich um den SDS (»Sozialistischer Deutscher Studentenbund«) herum gebildet hat.
*15. September:* In den sogenannten »Adenauer-Wahlen« erringt die CDU die absolute Mehrheit (Ergebnis: CDU 50,2%; SPD 31,8%; FDP 7,7%; BHE 4,6%).

**1958**   Ulrike M. Meinhof tritt dem SDS bei. Für zahlreiche studentische Zeitungen verfaßt sie Artikel zur Atomfrage, organisiert Anti-Atom-Veranstaltungen und -Unterschriftensammlungen.
*25. März:* Der Bundestag stimmt einer Ausrüstung der Bundeswehr mit taktischen Atomwaffen zu.
*Mai:* In elf deutschen Universitätsstädten finden Großkundgebungen gegen die atomare Bewaffnung statt. Ulrike M. Meinhof gehört zu den Hauptorganisatoren. Auf einer Pressekonferenz der Atomwaffengegner lernt sie Klaus Rainer Röhl, den Verleger der Zeitschrift ›konkret‹, kennen.

**1959**   *3./4. Januar:* Studentenkongreß gegen Atomrüstung in West-Berlin; die ›konkret‹-Gruppe im SDS, vor allem durch Ulrike M. Meinhof vertreten, setzt sich gegen die SPD-Fraktion durch. Die Schlußresolution fordert Verhandlungen mit der DDR und stellt den Antikommunismus der Adenauer-Zeit öffentlich in Frage. Die SPD reagiert mit dem Ausschluß aller ›konkret‹-Mitarbeiter aus dem SDS.
*15. November:* Mit dem »Godesberger Programm« vollzieht die SPD den Kurswechsel von der Arbeiter- zur Volkspartei.
Ulrike M. Meinhof schreibt in ›konkret‹ ihre erste Kolumne: »Der Friede macht Geschichte«.

**1960**   *Januar:* Ulrike M. Meinhof wird Chefredakteurin von ›konkret‹.
Bundesinnenminister Gerhard Schröder (CDU) legt dem Bundestag den Regierungsentwurf für ein Notstandsgesetz vor.
*20. Juli:* Die SPD bricht alle Kontakte zum SDS ab.

**1961**   *17. September:* In den Wahlen zum Bundestag verliert die CDU die absolute Mehrheit (Ergebnis: CDU 45,4%; SPD 36,2%; FDP 12,8%); Konrad Adenauer bleibt Bundeskanzler.
*27. Dezember:* Ulrike M. Meinhof heiratet Klaus Rainer Röhl, aus dieser Ehe gehen zwei Kinder hervor.

**1962**   *26. Oktober:* In einer Nacht-und-Nebel-Aktion werden die Redaktionsräume des »Spiegel« besetzt (»Spiegel-Affäre«).

**1963**   *16. Oktober:* Konrad Adenauer tritt zurück; Ludwig Erhard wird Bundeskanzler.

**1964**   Ulrike M. Meinhof schreibt weiter Kolumnen für ›konkret‹, zieht sich jedoch aus der redaktionellen Arbeit zurück.
*Sommer:* Massiver Eingriff der USA in den Vietnam-Krieg, der erst am 30. 4. 1975 beendet wird.

**1965**   *25. März:* Verlängerung der Verjährungsfrist für NS-Verbrechen durch den Bundestag.
*19. September:* Wahlen zum Bundestag (Ergebnis: CDU 47,5%; SPD 39,3%; FDP 9,5%); Ludwig Erhard bleibt Bundeskanzler.

**1966**   *1. Dezember:* Bildung der »Großen Koalition« aus SPD und CDU; Bundeskanzler wird Kurt Georg Kiesinger, Außenminister Willy Brandt.

**1967**   *2. Juni:* Benno Ohnesorg wird während der Protestkundgebungen gegen den Staatsbesuch des Schahs von Persien von der Westberliner Polizei erschossen.

**1968**   *Februar:* »Internationaler Vietnam-Kongreß« an der TU Berlin
*Frühjahr:* Bruch zwischen Ulrike M. Meinhof und Klaus Rainer Röhl. Sie siedelt von Hamburg nach Berlin über. Tätigkeit als Journalistin und Lehrbeauftragte am Institut für Publizistik der FU; für den Südwestfunk schreibt sie das Fernsehstück »Bambule«.
*2. April:* Andreas Baader und Gudrun Ensslin legen einen Brandsatz in einem Frankfurter Kaufhaus; sie werden zu drei Jahren Gefängnis verurteilt.
*11. April:* Attentat auf Rudi Dutschke; in Westberlin und der BRD kommt es zu den bisher größten und militantesten Demonstrationen der Studenten- und Jugend-Bewegung; Aktionen gegen den Springer-Konzern.
*30. Mai:* Begleitet von zahlreichen Demonstrationen und Streikversuchen verabschiedet der Bundestag die Notstandsgesetze.
*26. September:* Gründung der DKP.

**1969**   *5. März:* Gustav Heinemann wird zum Bundespräsidenten gewählt.
*April:* Ulrike M. Meinhof beendet ihre Mitarbeit bei ›konkret‹.
*28. September:* Wahlen zum Bundestag (Ergebnis: CDU 46,1%; SPD 42,7%; FDP 5,8%); Willy Brandt wird Bundeskanzler und bildet eine SPD/FDP-Koalitionsregierung.

**1970**   *Februar:* Abschluß der Dreharbeiten zu »Bambule«.
*14. März:* Andreas Baader wird in Westberlin mit Hilfe von Ulrike M. Meinhof aus dem Gefängnis befreit; Ulrike M. Meinhof geht in den Untergrund; Gründung der »Roten Armee Fraktion«

**1971**   *1. September:* Horst Herold wird neuer Präsident des BKA (Ausbau des Fahndungsapparates: »Rasterfahndung«).

**1972**   *28. Januar:* Auf dem Höhepunkt der RAF-Fahndung beschließen die Ministerpräsidenten der Länder der BRD den sogenannten »Radikalenerlaß«.

*27. April:* Im Bundestag scheitert das »konstruktive Mißtrauensvotum« gegen Willy Brandt.

*Mai:* Die amerikanische Luftwaffe vermint Häfen in Nordvietnam; die RAF antwortet mit einer Reihe von Bombenanschlägen (»Mai-Offensive«).

*11. Mai:* Bombenanschlag auf das V. US-Korps im IG-Farben-Haus in Frankfurt am Main.

*12. Mai:* Sprengkörper detonieren in einer Augsburger Polizeidirektion und auf dem Parkhof des Münchener Landeskriminalamts.

*15. Mai:* In Karlsruhe explodiert das Auto des Bundesrichters Buddenberg.

*19. Mai:* Bombenanschlag auf das Hamburger Springer-Hochhaus.

*24. Mai:* Bombenanschlag auf das Europa-Hauptquartier der US-Armee in Heidelberg.

*31. Mai:* Große Terroristenfahndungsaktion in der gesamten BRD.

*1. Juni:* Andreas Baader und Holger Meins werden verhaftet.

*7. Juni:* Gudrun Ensslin wird festgenommen.

*15. Juni:* Ulrike M. Meinhof wird festgenommen und im »Toten Trakt« von Köln-Ossendorf besonders schweren Haftbedingungen unterworfen.

*19. November:* Vorgezogene Wahlen zum Bundestag (Ergebnis: CDU 44,9%; SPD 45,8%; FDP 8,4%); Willy Brandt bleibt Bundeskanzler.

*Dezember:* Die Mitglieder der BM-Gruppe treten aus Protest gegen die Haftbedingungen (»Isolationsfolter«) in einen zweimonatigen Hungerstreik.

*21. Dezember:* Unterzeichnung des »Grundlagenvertrages« zwischen der BRD und der DDR.

**1973**   *8. Mai bis 29. Juni:* 2. Hungerstreik der inhaftierten RAF-Mitglieder; Lockerung der Haftbedingungen.

**1974**   *6. Mai:* Guillaume-Affäre. Willy Brandt tritt zurück; Helmut Schmidt wird Bundeskanzler.

*2. Oktober:* Der Generalbundesanwalt erhebt Anklage gegen die fünf Kernmitglieder der RAF (Baader, Ensslin, Meinhof, Meins, Raspe).

*Dezember:* Jean-Paul Sartre besucht Andreas Baader in Stammheim.

*10. November:* Der Präsident des Kammergerichts, Günter von Drenkmann wird in Berlin von der »Bewegung 2. Juni« (eine der Nachfolgeorganisationen der RAF) erschossen.

*29. November:* Ulrike Meinhof wird wegen Mordversuchs bei der Baader-Befreiung zu acht Jahren Freiheitsstrafe verurteilt.

**1975**   *27. Februar:* Der Bürgermeisterkandidat der Berliner CDU, Peter Lorenz, wird von der »Bewegung 2. Juni« entführt.

*2. März:* Verena Becker, Gabriele Kröcher-Tiedemann, Ingrid Siepmann, Rolf Heissler und Rolf Pohle werden gegen Peter Lorenz ausgetauscht.

**1976**
*8. Mai:* Ulrike M. Meinhof wird erhängt in ihrer Zelle aufgefunden.
*16. Mai:* Beerdigung von Ulrike Meinhof in Berlin.

# Ulrike Marie Meinhof
## und die deutschen Verhältnisse

Ulrike Marie Meinhof
*Die Würde des Menschen ist antastbar*
*Aufsätze und Polemiken*

Eine Auswahl von programmatischen Texten, wenige Jahre nach
ihrem Tod zusammengestellt.
»Ulrike Meinhofs Gesellschaftsanalysen haben auch heute
nichts von ihrer Aktualität verloren.«
Guy Kempfert, Tages-Anzeiger
*Wagenbachs Taschenbuch 202. 192 Seiten*

Ulrike Marie Meinhof
*Bambule: Fürsorge – Für wen?*

»Hat man bedacht, daß die Mitglieder der Gruppe um Ulrike
Meinhof alle praktische Sozialarbeit getan haben und Einblick
in die Verhältnisse genommen, die möglicherweise zu ihrer
Kriegserklärung geführt haben? Schließlich gibt es ein Buch:
›Bambule‹. Lesenswert, aufschlußreich.«
Heinrich Böll (1972)
*Wagenbachs Taschenbuch 238. 136 Seiten*

Peter Brückner
*Ulrike Meinhof und die deutschen Verhältnisse*

Die Geschichte der Bundesrepublik als die Geschichte einer
Enttäuschung: Peter Brückner beschreibt die deutschen Verhältnisse,
die zum Tod von Ulrike Meinhof führten – die immer größer
werdende Kluft zwischen den demokratischen Hoffnungen
der unmittelbaren Nachkriegszeit und der dann folgenden
fortwährenden Einschränkung des Grundgesetzes.
*Wagenbachs Taschenbuch 245. 192 Seiten*

Verlag Klaus Wagenbach    Berlin